AF208645

Erik Fischer

Pornografiekonsum von Jugendlichen

Pornografiewirkung und ihre Bedeutung

Erik Fischer

Pornografiekonsum
von
Jugendlichen

Pornografiewirkung und ihre Bedeutung

Bibliografische Information der Deutschen Nationalbibliothek: Die Deutsche Nationalbibliothek verzeichnet diese Publikation in der Deutschen Nationalbibliografie; detaillierte bibliografische Daten sind im Internet über http://dnb.dnb.de abrufbar.

Verlag: BoD · Books on Demand GmbH, In de Tarpen 42, 22848 Norderstedt, bod@bod.de

Druck: Libri Plureos GmbH, Friedensallee 273, 22763 Hamburg

ISBN: 978-3-7693-2880-6

Inhaltsverzeichnis

Ich möchte darauf hinweisen, dass aus Gründen der besseren Lesbarkeit nur eine Geschlechtsform verwendet wird (z.B. Sozialarbeiter). Natürlich ist auch die jeweils andere Geschlechtsform damit angesprochen.

1. Einleitung

Porno. Selten ruft ein Begriff beim Einzelnen so unterschiedliche Emotionen, Zuschreibungen, Meinungen oder gar Urteile hervor, wie es bei Pornografie der Fall ist. Ein Begriff der polarisiert. Wird dieser Begriff mit dem der Jugend in Verbindung gesetzt, so könnte man meinen, steigert sich diese Polarisierung. So wurde Aufgrund der technischen Weiterentwicklung des Internets und der verstärkten Verbreitung pornografischer Inhalte im Web 2.0[1] in Kombination mit dem gestiegenen digitalen Nutzverhalten Jugendlicher die öffentliche Sorge einer *Generation Porno* laut. Eine *pornografisierte* Generation, die Aufgrund des Überangebots an sexuellen und pornografischen Inhalten zunehmend verwahrlost

---

[1] Definition: „durch die Mitwirkung der Benutzer[innen] geprägte Internetangebote" (DUDEN 2016a).

und den Bezug zur Liebe als Teil einer erfüllten Sexualität verlieren würde[2]. Der medial geprägte Begriff der *Pornografisierung*[3] ist auf zwei ineinandergreifenden Entwicklungen bezogen. Zum einen, dass Pornografie – durch das Internet – an Verfügbarkeit und Nutzung zugenommen hat, im Mainstream angekommen ist und sich so, zum anderen, im Alltag (z.B. Porno als Jugendwort) oder in der Pop-Kultur (z.B. Porno-Rap, sexualisierte Werbung etc.) wiederfindet[4].

Insbesondere der erste Punkt – der zunehmende Pornografiekonsum Jugendlicher – und die in diesem Zusammenhang ausgesprochene Warnung

---

[2] (vgl. KLEIN 2015, S. 17)

[3] Hierzu z.B.: (STEFFEN 2014): Porn Chic: Die Pornifizierung des Alltags; (BRUNSCHWEIGER 2013): Fuck Porn! Wider der Pornografisierung des Alltags

[4] (vgl. DÖRING 2011b, S. 229)

vor einer verwahrlosten Generation[5] soll in dieser Arbeit hinterfragt werden. Zunächst wird im ersten Abschnitt ein Überblick über das Thema Pornografie gegeben und sich in diesem Zusammenhang mit der Definitionsproblematik auseinandergesetzt (*Kapitel 2 – Was ist Pornografie? – ein Überblick*). Im zweiten Abschnitt wird die Internetpornografie in den Blick genommen (*Kapitel 3*). Dabei soll das aktuelle Konsum- und Nutzungsverhalten von Jugendlichen dargestellt (*Kapitel 3.2*) und deren Motivationen (*Kapitel 3.3*) erläutert werden. Im nächsten Abschnitt wird der Frage nachgegangen, wie sich Pornografie auswirken kann (Kapitel 4 – Pornografiewirkung) und mit Bezug auf verwendete Studien bei Jugendlichen ausgewirkt hat (*Kapitel 4.2 – Wie wirkt sich Pornografie auf*

---

[5] z.B. (SIGGELKOW/BÜSCHER 2010): Deutschlands sexuelle Tragödie. Wenn Kinder nicht mehr lernen, was Liebe ist.

Jugendliche aus?). Auf den Umgang mit der Thematik in Bezug auf Eltern, Lehrer und/oder auf Fachpersonal der Jugendarbeit wird im vorletzten Abschnitt (*Kapitel 5*) eingegangen und mögliche Handlungsempfehlungen (*Kapitel 5.3*) gegeben. Abschließend wird ein Fazit gezogen und eigene Standpunkte dargestellt (*Kapitel 6 – Abschließende Worte*).

2.   Was ist Pornografie? – Ein Überblick

Um sich näher mit dem Thema des Pornografiekonsums von Jugendlichen auseinanderzusetzen, muss zunächst die Frage geklärt werden, über welche Form bzw. welche Art Pornografie gesprochen wird. In diesem Kapitel wird der Frage nachgegangen, wie Pornografie als Begriff zu definieren ist, bzw. welche unterschiedlichen Definitionen und Zuschreibungen mit dem Pornografiebegriff einhergehen können.

2.1 Eine Frage der Definition (Definitionsproblematik)

Ursprüngliche Bedeutung

Die Wortherkunft von Pornografie stammt aus dem altgriechischen und setzt sich aus den Wörtern „pórnē »Hure« oder pórnos »Hurer« und gráphein »schreiben«, »zeichnen«"[6] zusammen. Somit wurde mit dem ursprünglichen Begriff der Pornografie das *Schreiben über Huren/Hurern* bzw. das *Beschreiben von Hurerei* beschrieben[7].

Negativbehaftung

Eine grundlegende Problematik bei der Auseinandersetzung mit der Pornografie bzw. deren Definition ist, dass der Begriff selbst bereits

---

[6] (BROCKHAUS 2005, S. 757, Hervorh. i. Orig.)

[7] (vgl. STARKE 2010, S. 8)

einer starken Negativbehaftung ausgesetzt ist. Dabei unterliegt der Begriff Pornografie moralischen wie ästhetisch bewertenden Zuschreibungen. Pornografie wird verallgemeinert als etwas Schlechtes gesehen, während die Erotik bzw. erotische Darstellungen eher zu akzeptieren sind. Wertende Definitionen sind in diesem Zusammenhang vor allem deshalb kritisch zu sehen, da sie auf unterschiedlichen Geschmacks- und subjektivem Werteempfinden beruhen und dadurch auch eine allgemeingültige Abgrenzung zwischen Erotik und Porno nicht deutlich werden kann[8]. Diese sind sowohl im umgangssprachlichen Bereich, sowie in der fachlichen Auseinandersetzung zu finden. Dadurch können manche Definitionsversuche bereits moralische Bewertungen angehaftet sein,

---

[8] (vgl. DÖRING 2011b, S. 231)

die eine weitere wertfreie Betrachtung der Pornografie schwierig machen[9].

Subjektivität

Darüber hinaus ergibt sich ein weiteres Problem für eine allgemeingültige Pornografie-Definition daraus, dass es innerhalb einer Gesellschaft und dem alltäglichen Leben unterschiedliche Auffassung gibt, welche Darstellungen bereits als pornografisch empfunden bzw. in diesem Zusammenhang der Pornografie zugeordnet werden und welche nicht. Für den einen kann bereits eine Aktfotografie, die Aufklärungsseiten der BRAVO oder der PLAYBOY als *pornografisch* empfunden werden, während dies für den anderen nicht der Fall ist[10].

---

[9] (vgl. DÖRING 2011a, S. 5)

[10] (vgl. STARKE 2010, S. 8)

Hajok (2013) beschreibt das medienwissenschaftliche Verständnis von Pornografie als „jene expliziten Darstellungen menschlicher Sexualität (..), in denen das sexuelle Verhalten von jeder denkbaren Zusammensetzung der handelnden Akteure ausgeführt wird und die Geschlechtsorgane in ihrer sexuellen Aktivität betont werden"[11]. Inhaltlich wird bei dieser Perspektive auf Pornografie in erster Linie von heterosexuellem Sex ausgegangen, der in Nahaufnahme der Geschlechtsorgane ohne notwendige Handlung dargestellt und insbesondere in Zusammenhang mit dem Bedienen von Geschlechterstereotypen und/oder dem darstellen von Sex-Mythen einhergeht[12].

---

[11] (HAJOK 2013, S. 5; auch: ZILLMANN 2004, S. 568)

[12] (vgl. HAJOK 2013, S. 5)

Dennoch lässt sich Pornografie trotz aller Schwierigkeiten der Definitionsfindung folgenden Kriterien bzw. Motivationen zuschreiben:

Pornografie kann das Interesse von Menschen wecken, polarisieren und ruft unterschiedliche Reaktionen hervor. Darüber hinaus können sexuelle Bedürfnisse, Fantasien, Wunschvorstellungen angesprochen werden, die sonst aus unterschiedlichen Gründen nicht ausgelebt werden können. Des Weiteren hat Pornografie das Ziel seinen Betrachter sexuell zu erregen. Dabei sind die Grenzen zwischen unterschiedlichen Darstellungsformen sexuellen Inhalts fließend. Trotz aller öffentlichen Tabuisierung ist die Pornoindustrie einer der größten Märkte, insbesondere seit dem digitalen Zeitalter und erfreut sie sich großer Nachfrage[13].

---

[13] (vgl. STARKE 2010, S. 15)

Auch wenn es nach Starke[14] keine allgemeingültige Definition von Pornografie geben kann, ist dennoch von großer Bedeutung bei der Auseinandersetzung mit dem Pornokonsum von Jugendlichen zumindest eine Grundlage zu erhalten, was unter Pornografie in diesem Zusammenhang verstanden werden kann. Denn: Pornografie ist vielfältig. Wichtig ist hierbei vor allem, was Jugendliche selbst unter dem Begriff Porno bzw. Pornografie verstehen. Hierzu haben Grimm, Rhein und Müller (2011) in ihrer Studie die Frage nach der Kategorisierung und Definition von Pornografie an die männlichen und weiblichen Fokusgruppen gestellt.

So unterteilen die Fokusgruppen der Jungen bei ihrer Definition von Pornografie diese in zwei Bereiche. Zum einen wird medial hauptsächlich die Videoform als pornografisch empfunden,

---

[14] (vgl. STARKE 2010, S. 8)

während Fotos eher als erotisch angesehen und nicht der Pornografie zugeordnet werden. Zum anderen wird ihre inhaltliche Definition von pornografischem Material mit der Darstellung von sexuellen Handlungen zusammengefasst. Hierbei ist sowohl der Sex mit Partner als auch Masturbation miteingeschlossen. Handle es sich bei den Darstellungen lediglich um nackte Körper wird dies eher als erotisch empfunden[15].

Die weiblichen Fokusgruppen nehmen bei der Befragung eine eher wertende Haltung ein. Pornografie, welche sich durch hohe Nacktheit und schamlose Direktheit auszeichnet, wird in diesem Fall eher mit dem Begriff *nuttig* oder *billig* gleichgesetzt und werden als übertrieben empfunden. Dennoch stellen die Mädchen fest, dass diese Grenzziehung subjektiv ist und

---

[15] (vgl. GRIMM/RHEIN/MÜLLER 2011, S. 55)

unterschiedlich gezogen werden kann. Dem gegenüber werden indirekte Darstellungen eher als *ästhetisch* empfunden und der *schönen* Erotik bzw. dem Softporno zugeordnet. Inhaltlich wird Pornografie ebenfalls mit dem gezeigten Geschlechtsverkehr von der Erotik abgegrenzt[16].

2.2 Pornografie im Wandel der Zeit

Bei der Beschäftigung mit der Definition und deren Entwicklung in Bezug auf Pornografie, ist eine Auseinandersetzung mit ihrer Geschichte unumgänglich. Dabei wird deutlich: Pornografie, bzw. sexuelle Darstellungen sind kein modernes Phänomen. Faulstich (1994) fasst die historische Entwicklung von Pornografie in 5 Phasen zusammen[17]:

---

[16] (vgl. GRIMM/RHEIN/MÜLLER 2011, S. 135f.)

[17] (vgl. FAULSTICH 1994, S. 110f.)

1. Phase - *Frühgeschichte*: Es wird vermutet, dass Pornografie bereits in Form von Zeichnungen, Skulpturen, aber auch rituellen Handlungen stattfand. Im damaligen Verständnis wurden Pornografie und sexuelle Handlungen noch nicht voneinander getrennt und waren, so wird vermutet, Teil der Kultur.

2. Phase – *Antike*: In dieser Phase fand ein eher entspannter Umgang mit sexuellen und pornografischen Darstellungen statt. Sie wurde als natürlicher Bestandteil der weltlichen Darstellung verstanden. Pornografie gab es sowohl in Form von Texten, Skulpturen, sowie Theaterstücken und Versen, als auch in Erzählungen und Handlungsanweisungen didaktischer Natur.

3. Phase – *Mittelalter*: Die religiösen Werte- und Moralvorstellungen der Kirche

schafften es, den ehemals offeneren Umgang mit Pornografie und sexuellen Darstellungen zu unterbinden. Pornografische Theatervorführungen schienen nicht mehr zu existieren. Pornografie wurde als manipulativ wahrgenommen.

4. Phase – *Bürgertum*: Pornografie bekam eine neue Bedeutung während des 17. Jahrhunderts. Die staatlichen Reaktionen auf die neu entdeckte Faszination von Pornografie reichten von tolerierender Haltung, über Einschränkung durch Zensur, bis hin zur stärkeren Verboten aufgrund strenger Moralvorstellungen. Pornografie fand in diesem Zusammenhang immer stärker im Untergrund statt. Sowohl in Form von Printmedien, als auch der Malerei und

dem Theater. Pornografie wurde immer stärker zu Protestzwecken eingesetzt.

5. Phase – *Visualisierung*: Bereits während des 19. Jahrhunderts kamen durch die zunehmenden technischen Möglichkeiten auch neue Formen von Pornografie mit sich. Die Fotografie hat in diesem Zusammenhang dazu beigetragen, dass Pornografie vermehrt in Print-Medien in Verbindung mit Texten abgedruckt werden konnte. Nacktfotografie/erotische Darstellungen (bspw. durch Magazine wie den Playboy), aber auch pornografische Comics und Pornohefte fanden ihren Weg in die Vermarktung. Später im Zuge weiterer Entwicklung audiovisueller Techniken entstanden Möglichkeiten pornografische Darstellungen zu filmen.

2.3   Verbreitungsformen für Pornografie des aktuellen Marktes

Aus heutiger Sicht wird Pornografie wohl hauptsächlich mit dem Internet als Quelle in Verbindung gebracht. Dennoch bediente sich das Genre in ihrer jüngeren Vergangenheit unterschiedlicher Verbreitungsformen, die zwar in ihrer Nachfrage im direkten Vergleich zu den heutigen digitalisierten Formen an Relevanz verloren haben, aber dennoch als Quelle von pornografischem Material nicht ignoriert werden sollten. Ferner wird bei der Auseinandersetzung mit den Verbreitungsformen von Pornografie deutlich: Pornografie war und ist überall zu finden[18] und nutzt weitestgehend jedes neu auf den Markt kommende Medium. So beeinflusste in der Vergangenheit beispielsweise die Entscheidung der *VHS*-Hersteller, Pornos für ihr

---

[18] (vgl. ALTSTÖTTER-GLEICH 2006, S. 5)

Medium zu erlauben, den Sieg im Formatkrieg der Heim-Video-Technik gegen *Betamax*[19]. Auch aktuell nutzt die Porno-Industrie die neueren Technologie-Trends wie *3D* und *Virtual Reality*[20].

Bevor im nächsten Kapitel verstärkt auf die Internetpornografie, als stärkste Pornografie-Verbreitungsform eingegangen wird, wird nachfolgend auf die aktuelle Lage weiterer Verbreitungsformen eingegangen. Dabei ist jedoch zu beachten, dass Aufgrund mangelnder Veröffentlichung oftmals keine eindeutigen Daten existieren.

Print-Medien (Zeitschriften/Magazine)

Die stärkste Phase der Erotik- und Sexmagazine, scheint bereits vorbei zu sein, was wohl generell

---

[19] (vgl. GERNERT 2010, S. 37)

[20] Hierzu informierend: (vgl. BÖHM 2015)

den Print-Bereich der sogenannten *Special Interests* betrifft. Wurden in vergangenen Jahrzehnten noch Pornohefte in Supermärkten und Kinos offen im Zeitschriftenbereich angeboten, so sind diese heute vor allem aus Gründen des Jugendschutzes aus den Regalen verschwunden. So lassen sich Print-Produkte hauptsächlich in Sexshops oder bei Online-Anbietern erwerben: So bietet beispielsweise das Internationale Online-Kiosk *Epagee* unter den Rubriken Erotik- bzw. Sexmagazinen aktuell 46 Angebote, wovon 3 nationaler und 43 internationaler Herkunft sind, zum Kauf und/oder als Abonnement an. Dabei reicht die Angebotsvielfalt von themenübergreifenden Magazinen (z.B. Playboy) bis zu fetischbedienenden Magazinen[21].

---

[21] Hierzu: (EPAGEE o.J.)

Fernsehprogramm

Das Programm der Fernsehlandschaft hat als Pornografie-Quelle an Relevanz verloren. Der 1988 eingeführte Rundfunkstaatsvertrag beschränkt die Ausstrahlung von Filmen und fordert eine Beachtung der FSK-Einstufung bei der zeitlichen Programm-Platzierung. So dürfen Filme, die *ab 16 Jahren freigeben* sind erst ab 22 Uhr ausgestrahlt werden. Indizierte Filme ohne schwere Form der Jugendgefährdung und Filme, die *ab 18 Jahren freigegeben* sind dürfen erst ab 23 Uhr ausgestrahlt werden[22]. Inzwischen stehen die Themen Gewalt und Sexualität nicht mehr im zentralen Blickfeld des Jugendmedienschutzes, da die private Fernsehlandschaft aktuell auf Familientauglichkeit ausgerichtet ist[23].

---

[22] (vgl. JUNGE 2013, S. 46)

[23] (vgl. JUNGE 2013, S. 48)

Dennoch können, neben den nächtlichen sexuellen Inhalten weicher Natur des deutschen Fernsehprogramms, auch Hardcore-Pornografie über Satellit oder Pay-TV empfangen werden. Auch ist zu bedenken, dass die zunehmende Zusammenführung von TV-Geräten und Internet pornografische Inhalte auch am Fernseher zunehmend über das Internet bezogen werden können[24].

Home-Video-Markt

Pornografische Inhalte werden nach wie vor hauptsächlich in Form des Films (auf Trägermedien wie DVD und Blu-Ray) verbreitet. So werden „(…)jährlich gut 12.000 Produktionen auf den Markt geworfen(..)"[25]. Dabei spielt die Bezugsquelle Videothek eine immer

---

[24] (vgl. MÖLLER 2013, S. 478)

[25] (MÖLLER 2013, S. 476)

unbedeutendere Rolle, da der Versandhandel über Internetanbieter bzw. das Internet allgemein als Quelle pornografischen Filmmaterials diese vom Markt verdrängen.

2.4 Pornografie im StGB

Eine weitere wichtige Definitionsgrundlage im deutschsprachigen Raum ergibt sich aus der Gesetzgebung. Pornografie wird innerhalb des dreizehnten Abschnitts *Straftaten gegen die sexuelle Selbstbestimmung* des Strafgesetzbuches thematisiert. Hierbei spricht die Gesetzgebung von sogenannten *pornografischen Schriften*. Dieser Sachbegriff wird in §11 Abs. 3 StGB näher erläutert und bezieht neben den Schriften auch Ton- und Bildträger, Datenspeicher, Abbildungen und andere Darstellungen mit ein. In den §§ 184-184g StGB setzt sich die Gesetzgebung mit der Verbreitung von Pornografie auseinander. Aus den angesprochenen Paragraphen lässt sich die

Pornografie in die zwei Bereiche, der *Legalen Pornografie*, bzw. auch alternativ mit *Einfache Pornografie* betitelt, sowie der *Illegalen Pornografie*, also der *Harten Pornografie* unterteilen. Im Folgenden wird auf diese zwei Kategorien näher eingegangen.

Harte Pornografie (illegale Pornografie):

Zur illegalen Pornografie gehören sowohl *Gewaltpornografie*, *Tierpornografie*, sowie *Kinderpornografie* und *Jugendpornografie*. In §184a ist u.a. die Verbreitung von gewalt- oder tierpornografischem Material bzw. deren öffentliche Vorführung mit einer Freiheitsstrafe von 3 Jahren oder einer Geldstrafe behaftet. Während Tierpornografie sexuelle Handlungen zwischen Mensch und Tier beinhaltet, ist mit Gewaltpornografie beispielsweise das Darstellen einer nicht einvernehmlichen sexuellen Handlung (Vergewaltigung) oder anderer Straftaten (z.B.

Körperverletzung), aber auch einvernehmliche Darstellung von Gewalt in Verbindung mit pornografischer Darstellung gemeint[26]. Dabei ist der bloße Besitz, Erwerb oder die Herstellung von Gewalt- oder Tierpornografie nur strafbar, wenn dies in Verbindung mit der Verbreitung bzw. öffentlichen Vorführung steht (§184a, Absatz 2 StGB). Die möglichen illegalen Handlungen die bei der Herstellung von Gewaltpornografie stattfinden können, sind an anderer Stelle geregelt (z.B. bei Vergewaltigung §177 StGB oder §223 StGB bei Körperverletzung).

Einfache Pornografie (legale Pornografie):

In Deutschland ist einfache Pornografie erlaubt und steht unter dem Schutz der Meinungsfreiheit und des damit in Verbindung stehenden Zensurverbotes durch Art. 5 GG. Dennoch ist

---

[26] (vgl. HAJOK 2013, S. 6f.)

Aufgrund des Jugendschutzes auch die Verbreitung legaler Pornografie in §184 StGB gesetzlich geregelt und darf einer Person unter achtzehn Jahren weder zugänglich gemacht noch anderweitig angeboten oder überlassen werden (Absatz 1).

Zweck der Verbote in §184 StGB, ist die Schutzmaßnahme vor pornografischem Material. Diese wurde in der Vergangenheit umstritten begründet. So wurde u.a. begründet, dass durch das Eindämmen vor pornografischem Material eine familienorientierte und auf Ehe orientierte Sexualität – in Bezug auf Art. 6. Abs. 1 GG – geschützt werde. Allerdings ist diese Begründung kritisch zu sehen, da aus dem Schutz von Ehe und Familie aus dem Grundgesetz kein Verbot anderer sexueller Lebensweisen bzw. deren Darstellung gerechtfertigt ist[27]. Problematisch wäre hierbei, dass eine allgemeine moralische Wertevorstellung durch das Strafrecht geschützt bzw. vorgegeben wird, welche der Vielfalt der möglichen Lebensweisen nicht gerecht werden kann.

Hauptsächlich sorgt sich §184 um den Jugendschutz, aber auch um den Schutz vor unfreiwilliger Pornografie-Konfrontation (Abs. 1, Nr. 6), die – im Gegensatz zu der oben benannten Begründung – auf den Schutz des Einzelnen und nicht auf eine gesamtgesellschaftliche Normvorgabe abzielt[28].

Zu beachten ist, dass der Tatbestand aus §184 Absatz 1 nicht erfüllt ist, wenn das Erzieherprivileg greift. Das Erzieherprivileg kann von den Sorgeberechtigten (z.B. leibliche Eltern,

---

[27] (vgl. HÖRNLE 2012, §184 Rn 1)
[28] (vgl. LAUFHÜTTE/ROGGENBUCK 2010, §184 Rn 1)

Adoptiveltern, Vormünder oder Pfleger) mit Erziehungsrecht in Anspruch genommen werden. Hintergrund ist die Gestaltungsfreiheit der Erziehung, welche von staatlicher Reglementierung freigehalten werden sollte, solang die Erziehungspflicht nicht gröblich verletzt wird. Sollte letzteres eintreten, endet das Erzieherprivileg[29]. Hierzu schreiben Laufhütte und Roggenbuck, dass es nicht die Aufgabe des Strafrichters sei, den Erziehungsstil als moralisch vertretbar zu klassifizieren. „Grob erziehungswidrig ist vielmehr nur ein solches Verhalten, das schlechterdings unvertretbar ist. Es liegt dann vor, wenn die konkrete Gefahr besteht, dass der Jugendliche in Promiskuität oder Prostitution abgleitet (…)"[30]. Des Weiteren handelt der Erzieher „(…) auch grob

---

[29] (vgl. LAUFHÜTTE/ROGGENBUCK 2010, §184 Rn 47)

[30] (EBENDA)

pflichtwidrig, wenn er sich selbst an den geförderten sexuellen Handlungen des Jugendlichen – aktiv oder passiv – beteiligt oder wenn er Gewinn aus der Förderung zieht"[31]. Somit können Eltern zwar vom Tatbestand des §184 Absatz 1 befreit sein, allerdings wird im Einzelfall zu prüfen sein, ob die Erziehungspflicht gröblich verletzt wurde oder nicht.

---

[31] (EBENDA)

3.   Internet/Pornografie

Pornografie und das Internet gehören heute unweigerlich zusammen. Laut einer Untersuchung von SimilarWeb (2013) sind 12,47% des Internetdatenverkehrs in Deutschland pornografischer Natur. Damit war Deutschland 2013 weltweit auf dem ersten Platz, wenn es um Internet-Pornografienutzung geht. Der globale Durchschnitt lag 2013 bei 7,65%[32].

Das Internet

Das Internet gehört inzwischen zum festen Bestandteil des alltäglichen Lebens. Die technischen Entwicklungen von Heimcomputern in Form von Desktop-PCs, Laptops und Mobile Devices, wie Smartphone und Tablets brachte, in Kombination mit einem Breitbandanschluss, den privaten Zugang zum Internet und veränderten

---

[32] (vgl. BUCHUK/SIMILARWEB 2013)

damit die Art der Kommunikation und den Informationsaustausch. Allein im Zeitraum der letzten zehn Jahre stieg die Anzahl der deutschen Haushalte, die mit einem Internetanschluss ausgestattet sind, von 58 Prozent im Jahre 2005 auf 85 Prozent im Jahre 2015 an[33]. Ferner wurde das Internet im ersten Quartal 2015 durchschnittlich von 85% der Internetnutzer – erfasst ab dem 10. Lebensjahr – täglich bzw. fast täglich privat verwendet[34].

Internet-Zugangsmöglichkeiten für Jugendliche

Der Medienpädagogische Forschungsverband Südwest setzte sich in der aktuellen *JIM-Studie 2015* mit der Mediennutzung von 1200 Jugendlichen zwischen 12 und 19 Jahren auseinander. Hierbei wird vor allem deutlich, dass Jugendliche heute auf eine große Auswahl von

---

[33] (vgl. DESTATIS 2016a)

[34] (vgl. DESTATIS 2016b)

Mediengeräten zugreifen können und/oder sich in ihrem eigenen Besitz befinden, insbesondere über internetfähige Geräte: So verfügen 93% der Haushalte über einen Computer oder Laptop, sowie 96% der Haushalte über einen Internetzugang. Ferner verfügen die Haushalte inzwischen über Smartphones (95%) und Tablet-PCs (58%), sowie über Fernsehgeräte mit Internetzugang (45%)[35].

Fast jeder Jugendliche (98%) darf ein Handy sein Eigen nennen. Dabei sind 92% der Handys internetfähige Smartphones. Darüber hinaus besitzen 29% der Jugendlichen einen Tablet-PC und 15% einen Fernseher mit Interzugang, welcher im eigenen Zimmer untergebracht ist. Es wird festgehalten, dass 76% der Jugendlichen einen Laptop bzw. Computer in ihrem Besitz haben. Dabei gilt zu beachten, dass dennoch 9 von

---

[35] (vgl. JIM-STUDIE 2015, S. 6)

10 Jugendlichen mit einem Eingabegerät aus Familienbesitz von ihrem Zimmer aus auf das Internet zugreifen können[36].

3.1 Unterschied zu anderen Medientypen

Dass die Internetpornografie aktuell als die Hauptbezugsquelle von pornografischem Material gilt, lässt sich auf drei Hauptpunkte zurückführen:

Zugänglichkeit – Durch die Verbreitung des Internets und den technischen Möglichkeiten kann, im Gegensatz zu anderen Medientypen, überall, vor Ort, darauf zurückgegriffen werden. Darüber hinaus gibt es kaum Kontrollinstanzen, aufgrund internationaler Pornoanbieter (z.B. *YouPorn* oder *Redtube*), die den Zugang zu

---

[36] (vgl. JIM-STUDIE 2015, S. 7)

pornografischem Material für Minderjährige kaum bis gar nicht einschränken[37].

Kostenfreie Angebote – Das Internet bietet eine große Auswahl an kostenlosem Bild- und Filmmaterial auf den bereits erwähnten Streaming[38]-Seiten. Dabei handelt es sich nicht nur um kostenlose Clips einzelner Szenen von kostenpflichtigen Filmen, sondern auch um Amateurpornografie, die durch das Web 2.0 von Privatpersonen hochgeladen werden können[39].

Anonymität – Durch die private Zugangsmöglichkeit über das Internet, bietet diese dem Nutzer ein hohes Maß an Anonymität[40].

---

[37] (vgl. GRIMM/RHEIN/MÜLLER 2011, S. 13)

[38] Definition: „Datenübertragungsverfahren, bei dem die Daten bereits während der Übertragung angesehen oder angehört werden können [und nicht erst nach der vollständigen Übertragung der Daten]" (DUDEN 2016b).

[39] (vgl. DÖRING 2011a, S. 1f.)

[40] (vgl. GRIMM/RHEIN/MÜLLER 2011, S. 13)

Es ist kein *Konsum-Outing* (wie bei öffentlichem Einkaufen bzw. Leihen) nötig und der Nutzer kann dadurch mögliche Schamgefühle vermeiden.

Es lässt sich über die drei benannten Punkte noch einen weiteren, auf subjektives Empfinden bezogenen Punkt anführen, nämlich die *Vielfalt* der Angebotsauswahl, welche gezielt gesucht werden können. Alleine *Pornhub* bietet aktuell 86 unterschiedliche Kategorien (*Porn Categories*) an, darüber hinaus 26 Kategorien in der Rubrik der Gay-Videos[41]. Diese Vielfältigkeit bedient – über das Mainstreamangebot hinaus – die unterschiedlichsten sexuellen Vorlieben (optische Kategorisierung der Darsteller, aber auch Non-

---

[41] Hierzu: http://www.pornhub.com/categories (Stand: 23.05.2016) – An dieser Stelle möchte ich darauf hinweisen, dass unter dem Link bereits pornografisches Material, u.a. durch die Bebilderung der Kategorien, zu sehen sind.

Mainstream-Kategorien, wie z.B. bisexueller Gruppensex) und Fetische. Daraus wird deutlich, dass durch das Medium Internet auch Nischenzielgruppen (z.B. Fem-Porn, Transgender) erreicht werden können, welche durch die auf breite Masse ausgelegte Mainstreampornografie nicht bedient werden. Die betroffenen Personen bekommt somit eine Möglichkeit diese Vorlieben virtuell auszuleben. Vorlieben, die sie vielleicht in der Realität entweder nicht ausleben können oder wollen.

3.2 Konsum von Internetpornografie und Nutzverhalten

Bei der Auseinandersetzung mit dem Konsum von Pornografie, in diesem Fall der Internetpornografie, ist eine getrennte Betrachtung der Geschlechter notwendig. Es fallen in diesem Zusammenhang Frauen bzw.

Mädchen als Konsumenten von pornografischem Material leicht aus dem Fokus, da die Aufmerksamkeit gegenüber dem existierenden Nutzverhalten der weiblichen Konsumentinnen im Gegensatz zu dem männlichen Nutzverhalten untergeht. Frauen werden hierbei lediglich in einer Opferrolle wahrgenommen oder dargestellt und weniger als mögliche aktive Pornonutzerinnen in den Blick genommen[42].

In der Studie von Silja Matthiesen zur *Jugendsexualität im Internetzeitalter*, wurde die Pornoerfahrungen von Mädchen und Jungen untersucht. Dabei wurde deutlich, dass die Jungen früher mit Pornografie in Kontakt kommen als Mädchen. So sind im Alter von 13 Jahren bereits 50% der Männer mindestens einmal mit Pornografie in Kontakt gekommen, während dies bei den Frauen bei nur 15% der Fall ist. Mit 16

---

[42] (vgl. MATTHIESEN 2013, S. 146)

Jahren sind es bei den Männern 89%, bei den Frauen 63%. Ferner wurde die Häufigkeit der Pornografienutzung innerhalb der letzten vier Wochen untersucht. Daraus wurde deutlich, dass die Jungen wesentlich öfter Pornografie konsumiert haben als die Mädchen. Dabei waren es 92% der Mädchen, die keine oder nur sporadisch Pornografie nutzten, 8% der Mädchen nutzten Pornografie gering (weniger als zwei Mal im Monat), 0% der Mädchen nutzten Pornografie mit mäßigem (zwei Mal im Monat, aber weniger als zweimal in der Woche) oder hohen (zwei Mal in der Woche oder mehr) Ausmaß. Bei 80% der Jungen belief sich die Pornografienutzung auf mehr als sporadische Intensität[43].

Erstkontakt mit pornografischem Material

---

[43] (vgl. MATTHIESEN 2013, S. 148f.)

Bei den Befragungen von Grimm, Rhein und Müller (2011) wurde deutlich, dass der Erstkontakt zu pornografischem Material bei den Mädchen in der Regel aus Versehen und ungewollt stattfindet. Dabei kamen die Mädchen beispielweise durch Tippfehler bzw. falschen Eingaben im Adressfeld, aber auch durch irreführende Werbung in Form von Pop-Ups mit pornografischen Angeboten in Kontakt. Ferner wurden die Mädchen auch durch das Anklicken weitergeleitete Internet-Links zu pornografischem Material geführt[44].

Bei freiwilliger Nutzung von Pornografie handelt es sich nach Aussagen der betroffenen Mädchen meistens um gemeinsames Ansehen von Porno-Clips oder dem weiterschicken von Fotos über Handys innerhalb des Freundeskreises, welches aber hauptsächlich von den Jungs ausgeht.

---

[44] (vgl. GRIMM/RHEIN/MÜLLER 2011, S. 145f.)

Hierbei steht das entstehende Gemeinschaftsgefühl für die Mädchen in Bezug auf die Peer-Group im Fokus[45].

Situationen in denen sich Mädchen Pornografie anschauen, werden von Matthiesen (2013) in vier Gegebenheiten geteilt:

1. *Alleine* (Solosetting):

Mindestens schon einmal haben sich 35% der Mädchen nach eigener Aussage pornografische Szenen, beispielweise beim zufälligen Rumschalten im abendlichen Fernsehprogramm angesehen. Meist wird solch zufälligen Begegnungen mit pornografischem Material nicht viel Aufmerksamkeit geschenkt, da diese als eher nervig und unbedeutend empfunden werden. Zur Selbstbefriedigung wird Pornografie von Mädchen innerhalb des Solosettings in der Regel nicht benutzt, da das pornografischen Angebot

---

[45] (vgl. GRIMM/RHEIN/MÜLLER 2011, S. 147ff.)

von diesen meist als nicht erregend eingestuft wird[46].

2. *Mit Freundinnen* (Homosoziales Setting): 33% der befragten Mädchen haben das schon pornografisches Material mit Freundinnen konsumiert. Der Reiz des Verbotenen und der Tabubruch sind hierbei Auslöser. Hauptsächlich dienen solche Rezeptionen von Pornografie für die jungen Mädchen zur gemeinsamen Belustigung. Auch das Stillen von Neugierde und der aus dieser Situation entstehenden Möglichkeit sich über sexuelle Themen auszutauschen, sind Hintergründe für das gemeinsame Pornoschauen[47].

3. *Mit der Clique* (Heterosoziales Setting): In geschlechterübergreifenden Gruppen haben 23% der Mädchen mindestens einmal Pornos

---

[46] (vgl. MATTHIESEN 2013, S. 150)
[47] (vgl. MATTHIESEN 2013, S. 151)

angesehen. Solche Situationen entstehen z.B. bei gemeinsamen Feiern oder bei Filmabenden. Die Idee zum Pornokonsum kommt in der Regel von den Jungen. Auch hierbei liegt die Belustigung im Mittelpunkt, nicht die sexuelle Stimulation. Auch dient die gemeinsame Belustigung oder das Ekelempfinden innerhalb der Gruppe zur Abgrenzung des dargestellten Sexuellen[48].

4. *Innerhalb der Beziehung* (Paarsetting): Gemeinsames Pornoschauen mit dem Partner ist eher weniger verbreitet. Lediglich 23% der Mädchen haben diese Erfahrung gemacht. Dennoch ist dies auch bei diesen Paaren eher die Ausnahme, als die Regel. Häufig wird das gemeinsame Pornogucken unterschiedlich empfunden, gerade da die sexuelle Erregung eher bei ihm stattfindet, als bei ihr. In der Regel wird weniger der Wunsch gehegt, das gemeinsame

---

[48] (vgl. MATTHIESEN 2013, S. 151f.)

Pornogucken zu wiederholen. Demnach nimmt der Porno eine untergeordnete Rolle ein und der eigentliche partnerschaftliche Sex geht vor[49].

Auch die Jungen haben bei der Befragung von Grimm, Rhein und Müller (2011) in unabsichtlichem und absichtlichem Pornokontakt unterschieden. Auch hier seien Werbetricks von Betreibern, bei denen die Jungen durch falsches Schließen des Werbe-Pop-Ups auf pornografische Seiten weitergeleitet wurden, ein Beispiel für unbeabsichtigten Kontakt zu pornografischem Material. Allerdings bleiben die Jungen in einer solchen Situation aus Angst vor Viren oder möglichen Kosten nicht auf den weitergeleiteten Seiten, sondern schließen diese direkt wieder. Auch werden Pornos aus dem Internet über Handys durch Klassenkameraden rumgezeigt,

---

[49] (vgl. MATTHIESEN 2013, S. 152f.)

was eine weitere Möglichkeit für ungeplanten Kontakt darstellt. Bei dieser Art der Pornografienutzung geht es nicht um das erreichen sexueller Erregung, sondern hat eher den Zweck der Selbstdarstellung bzw. dem Gewinnen von Aufmerksamkeit und Anerkennung durch die anderen Zuschauer. In diesem Zusammenhang handelt es sich bei den Handyvideos in der Regel um Pornografie die besonders schockieren soll, oder generell eine Grenze der Norm überschreitet. Als Beispiel lassen sich hier Ekelpornos oder Tierpornografie anführen. Bei Absichtlicher Nutzung greifen die Jungen in der Regel auf Empfehlungen ihren Freunden zurück. Dabei handelt es sich um kostenlose pornografische Internetseiten, wie *Youporn* oder *Redtube*. Auf kostenpflichtige Angebote wird nicht zurückgegriffen. Ferner haben die Jungen Angst, durch das Surfen auf pornografische Seiten einen Computer-Virus zu bekommen oder durch versteckte Kosten bei den Eltern aufzufliegen. Gerade deshalb wird bei der Wahl der Pornoquelle Wert auf die Empfehlungen aus dem freundschaftlichen Umfeld gelegt[50].

Auch bei den Jungen gibt es unterschiedliche Situationen, in welchen sie sich Pornografie ansehen. In der Studie von Matthiesen (2013) unterteilt Schmidt diese, ebenso wie bei den Mädchen, in vier Settings:

1. *Alleine* (Solosetting):

Besonders hier zeigen sich die Unterschiede im Nutzverhalten zu dem der Mädchen. Jungen nutzen Pornografie viel häufiger alleine als Mädchen. Bei den befragten Jungen haben 91% bereits alleine pornografisches Material genutzt. In diesem Zusammenhang wird die Pornografie oft in Zusammenhang mit Masturbation verwendet. „Etwa drei Viertel der Befragten

---

[50] (vgl. GRIMM/RHEIN/MÜLLER 2011, S. 59ff.)

haben sich beim Ansehen von Pornografie schon einmal selbst befriedigt"[51]. Pornokonsum ohne Masturbation ist, wenn der Junge sich diese alleine ansieht, eher die Seltenheit. Pornografie aus dem Internet findet in diesem Zusammenhang die gleiche Funktion, wie es etwa die Onaniervorlagen früherer Generationen, wie z.B. Nacktfotos aus dem Playboy, waren. Bevorzugt wird bei der Masturbation allerdings nach wie vor die eigene Fantasie um sich zu stimulieren[52].

2. *Mit Freunden* (Homosoziales Setting):

Mit anderen Jungen haben 56% der Befragten angegeben Pornos geguckt zu haben. Als Quelle diente hier in der Regel das Internet, darüber hinaus aber auch das schauen von Clips auf dem Handy oder in Form von einer DVD. Die Jungen

---

[51] (SCHMIDT 2013, S. 178) In: MATTHIESEN 2013: Jugendsexualität im Internetzeitalter

[52] (vgl. SCHMIDT 2013, S. 177ff.)

waren dabei entweder zu zweit oder einer kleineren Gruppe von maximal sechs anderen Jungs. Bei vielen geht der gleichgeschlechtliche Gruppenkonsum mit der eigenen Ersterfahrung mit Pornos einher. Der erste Porno wird öfter in einem homosozialen Setting gesehen, als alleine. Des Weiteren fand für viele Jungen ihre *heftigste* Pornoerfahrung bei gemeinsame Konsum unter Jungen statt. Das hängt oft damit zusammen, dass bei dem gleichgeschlechtlichen Setting der Jungs oft Pornografie gesehen wird, die abseits der Norm stattfindet, z.B. Ekelpornografie. Beim gemeinsamen Konsum der Jungs geht es in erster Linie nicht um den eigenen Lustgewinn, sondern um die Darstellung des eigenen Umgangs mit dem Gezeigten. Die Jungen wollen vor den Gleichaltrigen zeigen, dass sie mit sexuellen Themen entspannt umgehen, auch wenn es sich dabei um heftigere Darstellungen handelt. Darüber hinaus geht es um den gemeinsamen

Spaß sich über das gezeigte lustig zu machen, aber auch über die Kommunikation über Pornografie, welche unter Jungen häufiger stattfindet als der gemeinsame Konsum. Dabei geht es um die gemachten Erfahrungen und um den Meinungsaustausch in Bezug auf Pornografie. Über Pornos reden Jungen eher mit ihren männlichen Freunden, als mit ihrer Partnerin[53].

3. *In der Clique* (Heterosoziales Setting): Lediglich 10% der befragten Jungen gaben an, Pornos schon einmal in einer geschlechterübergreifenden Gruppensituation geguckt zu haben. Dabei fand dies entweder auf einer Feier, in der Schule über Smartphones oder auch bei einem der Teilnehmer zu Hause statt. Die Jungen nehmen wahr, dass die Mädchen eher ihre Abneigung gegenüber dem Gezeigten zum Ausdruck bringen oder Desinteresse zeigen. Dies

---

[53] (vgl. SCHMIDT 2013, S. 186f.)

wird von einem der Jungen mit gesellschaftlichen Vorgaben erklärt: Er vermute, dass die Mädchen sich nur so verhalten würden, da man dies von ihnen, als Frauen, so erwarte. Es lässt sich sagen, dass der geschlechterübergreifende Pornokonsum im Vergleich zu den bereits genannten Settings einen eher unwichtigeren Part übernimmt[54].

4. *Innerhalb der Beziehung* (Paarsetting): Auch der gemeinsame Konsum in der Beziehung war bei den befragten Jungen eher weniger vertreten. In der Regel wird das Thema Pornografie bei den Paaren vermieden, ein Erfahrungsaustausch über Pornografie findet unter den Paaren eher weniger statt. 24% haben schon mindestens einmal mit ihrer Partnerin Pornos gesehen. Der gemeinsame Konsum mit dem Partner ist allerdings eher selten und beschränkt sich bei den Befragten auf ein bis

---

[54] (vgl. SCHMIDT 2013, S. 188f.)

wenige Situationen und gehört somit nicht zu ihrem sexuellen Alltag. Bei denen, die noch keine Erfahrung mit dem Paarsetting gemacht haben, zeigte sich außerdem wenig Interesse dies zu ändern. Bei den Jungen, die bereits mit ihrer Partnerin Pornos geguckt haben, handelte es sich meistens um Paare, die schon länger zusammen waren. In diesem Zusammenhang berichtet die Hälfte der Jungen, dass es nach dem Porno zum Sex zwischen ihnen und der Freundin kam[55].

Es ist festzuhalten, dass die unterschiedlichen Situationen, in denen Pornografie rezipiert werden, dies auch mit unterschiedlichen Konsummotivationen einhergeht. Im folgenden Kapitel werden diese näher betrachtet.

---

[55] (vgl. SCHMIDT 2013, S. 189ff.)

3.3 Konsummotivationen

Die Frage nach dem *Warum* ist auf den zweiten Blick nicht einfach zu beantworten. Dies liegt vor allem daran, dass die Frage an die Jugendlichen, welche ihre eigenen Motivationen für den Pornografiekonsum sind, eine sehr intime ist. Starke (2010) erläutert dies in seiner Expertise zu jugendlichem Pornografiekonsum und stellt eine andere Herangehensweise an die Frage dar, nämlich was Jugendliche selbst vermuten, welche Motivationen hinter der Nutzung von Pornos stehen könnten. Somit konnten sich diese distanzierter mit der Frage auseinandersetzen. Dabei wurde deutlich, dass sich manche Motive überschneiden, da sich bei den Antworten der Jugendlichen, die Nennungen in verschiedene Motivkategorien einordnen lassen. Die wohl häufigste Nennung der Jugendlichen war wohl das Motiv der *sexuellen Erregung* bzw. die dadurch erreichte *Befriedigung*, sowie die

Angabe, dass durch Pornografie *Neugierde* gestillt und durch das Anschauen *neue Erfahrungen* gemacht und ein *Lerneffekt* erzielt werden kann. Diese Motive wurden sowohl von den Jungen, als auch von dem Mädchen so eingeschätzt. Anschließend wurde als Motivation *Zeitvertreib* und *Spaß* genannt. Die weiteren Motivnennungen waren eher einzeln vertreten, wobei 30% der Mädchen den *Gruppenzwang* als Motiv für Pornografiekonsum nannten, sowie den Konsum mit dem *Partner* mit der gleichen Prozentzahl. Auch das eigene *Körperentdecken* und die *Identitätsfindung* in Bezug auf die eigene Sexualität wurde von manchen Befragten als mögliche Motivation gesehen, aber auch die *Kompensierung* von sexuellen Durststrecken in der Realität. Somit lässt sich sagen, dass die Jugendlichen, sowohl Mädchen als auch Jungen, hauptsächlich sexuelle Motivationen hinter dem Pornografiekonsum sehen[56].

Auch die Mädchen der Befragung von Grimm, Rhein und Müller (2011) setzten sich mit der Motivfrage auseinander. Dabei wurde deutlich, dass aus Sicht der Mädchen der Konsum von Pornografie etwas typisch *Männliches* ist. In ihrer Vorstellung liegt die Motivation der Jungen unter anderem darin begründet, von den Pornos etwas zu lernen, das sie später selbst ausprobieren können. Hierfür würden Pornos eine wichtige Quelle darstellen, durch die sich die Jungen Anregungen für ihr eigenes Sexualleben einholen. Abgesehen vom Lerneffekt sehen die Mädchen vor allem den Selbstbefriedigungsdrang der Jungen als Motiv für die Nutzung von pornografischem Material. Ferner glauben die befragten Mädchen, dass Pornos in der Welt der

---

[56] (vgl. STARKE 2010, S. 177f.)

Jungen eine größere Relevanz haben und auch dazu dienen, von anderen Jungen Anerkennung zu bekommen. Die sexuellen Motivationen der Jungen werden von den Mädchen eher mit mangelnder Reife in Verbindung gebracht. Zu den Konsummotiven der Mädchen äußerten sich nur zwei der Befragten. Dabei handelte es sich um den Pornokonsum mit dem Beziehungspartner. Hierbei ging es nach Angabe der Mädchen in erster Linie nicht um den sexuellen Lustgewinn, sondern aus der Motivation heraus Inspirationen für den eigenen Sex ziehen zu können. Ansonsten ergaben sich weiter Motivationen für die Pornonutzung der Mädchen aus ungeplanten Gruppensituationen heraus. Erwähnenswert ist auch, dass die Mädchen allgemein Wert darauf legten, die gesehen Pornos ohne dem Ziel des Lustgewinns gesehen zu haben. Von den sexuellen – von den Mädchen eher den Jungs zugeordneten – Motiven grenzen sich die jungen Frauen eher ab[57].

Das Motiv der sexuellen Erregung bzw. Masturbation stand (gefolgt von Wissensgewinn, Soziale Integration, und Unterhaltung) bei der Befragung der männlichen Fokusgruppe ebenfalls an erster Stelle. Dabei wurde dies vor allem damit begründet, dass die Jungen, bzw. jungen Männer ihrem sexuellen Trieb unterliegen, sich also anders gesagt nicht dagegen wehren können („Diktatur des Triebes"[58]). Deshalb diene die Pornografie aus Sicht der Jungen als eine Möglichkeit der Befriedigung[59].

Bei dieser Motivationsbegründung könnte man meinen, die Jungen seien Opfer ihrer Natur. Silja

---

[57] (vgl. GRIMM/RHEIN/MÜLLER, S. 155ff.)

[58] (GRIMM/RHEIN/MÜLLER 2011, S. 71; GRIMM 2010, S. 6, In: proJugend 4/2010);

[59] (vgl. GRIMM/RHEIN/MÜLLER 2011; S. 70ff.)

Matthiesen (2013) sagt hierzu, dass diese Sichtweise eine „(…)eher schlichte triebenergetische Vorstellung von der (männlichen) Sexualität"[60] ist. Ferner gibt sie an, dass bei der Befragung der Jungen zu den Hintergründen des letzten Pornografiekonsums von 43 Äußerungen lediglich fünf „sexuelle Spannungs- oder Erregungszustände"[61] als Begründung angaben. Viel bedeutender war hier die Motivation des Zeitvertreibs bzw. die Angabe von Langeweile als Grund für den Pornografiekonsum (18 von 43). Hierbei verändert sich die Perspektive. Die jungen Männer entscheiden sich *bewusst* für den Pornografiekonsum um durch die sexuelle Erregung Genuss zu empfinden und werden weniger durch ihren Trieb dazu *getrieben*.

---

[60] (MATTHIESEN 2013, S. 182)

[61] (MATTHIESEN 2013, S. 183)

Sprechen die befragten Jungen über das Motiv der Erregung oder Masturbation wird hierbei eher der Begriff *Lust* genannt. Von Trieb wird nicht gesprochen[62]. „Lust ist etwas, das man hat, und das positiv besetzt ist, nicht etwas, das einen wie eine fremde Macht zu etwas treibt, was man vielleicht gar nicht will"[63].

---

[62] (vgl. MATTHIESEN 2013; S. 182f.)

[63] (MATTHIESEN 2013, S. 183)

4. Pornografiewirkung

Wie bereits erwähnt, ist eine Forschung der direkten Pornografiewirkung aufgrund der rechtlichen Gegebenheiten in Deutschland eingeschränkt. Das Vorführen von pornografischen Material vor Minderjährigen ist illegal[64], deswegen wird in den verwendeten Studien auf die bereits gemachten Erfahrungen der Jugendlichen in Bezug auf Pornografie zurückgegriffen. Zunächst werden mögliche Pornografie-Wirkungsannahmen in Bezug auf Erwachsene Konsumenten vorgestellt, bevor verstärkt auf die Erfahrungen der Jugendlichen eingegangen wird.

---

[64] Hierzu: §184ff. StGB

4.1 Mögliche Pornografiewirkung auf Erwachsene

Sechs mögliche Wirkungsannahmen werden von Grimm, Rhein & Müller (2011)[65] in Bezug auf Pornografie aufgeführt:

1. *Habitualisierungsthese* – Hierbei wird davon ausgegangen, dass sich der Konsument an das Gesehene gewöhnen könnte, wie es auch bei anderen Medienformen der Fall sein kann (z.B. beim Konsum von Horrorfilmen, wobei sich die Schmerzgrenze bei häufiger Nutzung verschiebt). Dieser Gewöhnungseffekt lässt die Vermutung zu, dass beim häufigen Konsum von Pornografie der anfängliche Grad der Erregung nachlässt und das Interesse am

---

[65] (vgl. GRIMM/RHEIN/MÜLLER 2011, S. 14f.; auch: Altstötter-Gleich 2006, S. 14)

Gesehenen sinkt. Das würde bedeuten, dass eine Steigerung des Konsums und/oder eine Veränderung des Härtegrades der Pornografie nötig wären, um den gleichen Erregungsgrad zu erreichen.

2. *Sozial-kognitive Lerntheorie* – Bei dieser Wirkungsannahme wird davon ausgegangen, dass der Pornokonsument den Wunsch entwickeln könnte, die dargestellten Sexpraktiken in das eigene Sex-Leben übertragen zu wollen. Dabei wächst die Wahrscheinlichkeit, das Gesehene in die eigene Tat umsetzen zu wollen, wenn die sexuelle Lust der Darsteller als positiv wahrgenommen wird. Hierdurch entsteht die Erwartungshaltung, dass die eigenen positiven Emotionen während des

Konsums auch bei der eigenen Ausführung erlebt werden.

3. *Erregungstransfer-These* – Es wird vermutet, dass sich negative Emotionen, welche nicht abgebaut werden, durch den Pornografiekonsum verstärkt werden und es zu aggressivem Verhalten des Konsumenten kommen kann, insbesondere wenn dieser bereits vor der Betrachtung verärgert war.

4. *Theorie der Exemplifikation* – Nach dieser Theorie könnte das Rezipieren von Pornografie dazu führen, die häufig dargestellten Sexpraktiken (z.B. Flotter Dreier oder Analverkehr) als alltäglich und landläufig zu verstehen. Somit entsteht eine falsche Norm-Vorstellung darüber, wie Sexualität von Mitmenschen ausgelebt wird.

5. *Theorie des sozialen Vergleichs* – Es wird vermutet, dass das Konsumieren von pornografischem Material zu Unsicherheiten beim Betrachter in Bezug auf das eigene Sexleben führen kann. Beim direkten Vergleich des Betroffenen mit dem dargestellten Ideal der Pornodarsteller, kann der Konsument sich unter Druck gesetzt fühlen und mit den eigenen sexuellen Leistungen unzufrieden sein.

6. *Kultivierungsthese* – Das in Pornos dargestellte Weltbild könnte nach der Kultivierungsthese von den Konsumenten auf den Alltag übertragen werden. Als Beispiel lässt sich hier das oft vertretenen Männer- und Frauenbild der Mainstream-Pornografie anführen[66].

---

[66] (vgl. GRIMM/RHEIN/MÜLLER 2011, S. 14f.)

Des Weiteren lassen sich die möglichen Auswirkungen von Pornografie auf vier Wirkungsebenen verteilen:

Emotionen: Der Pornografiekonsum über einen längeren Zeitraum lässt negative oder positive Gefühle entstehen. Dabei flachen sowohl negative als auch positive Reaktionen und Emotionen (z.B. Erregungsgrad oder Ekelempfinden) bei häufigem Konsum ab. Auf die Vermutung des daraus entstehenden Gewöhnungseffektes, welcher zu einer Steigerung des Pornografie-Härtegrades zum Erreichen des gleichen Reizes führen würde, konnte nicht festgestellt werden. Dabei bevorzugten die Porno-Konsumenten, bei häufiger Nutzung hauptsächlich ähnliche Filme. Dennoch ist eine Steigerung in der

Nutzungshäufigkeit der Pornografie-Rezeption zu benennen[67].

Einstellungen: Der Konsum von Porncs kann Einfluss auf persönliche Einstellungen haben bzw. diese verändern. Dabei sind insbesondere negative Wahrnehmung in Bezug auf Frauen, sexistische Einstellungen, Akzeptanzzunahme in Bezug auf sexuelle Straftaten oder der sinkende Wert von Familie bzw. Partnerschaft mögliche Auswirkungen auf die Konsumenten. Dabei ist jedoch zu bedenken, dass dies nur bei exzessiven Pornokonsum der Fall sein kann und nicht bei sporadischen, einmaligem Ansehen pornografischer Filme. Auch wird vermutet, dass der Wunsch nach Familie und Kindern bei starkem Pornografiekonsum eher mit Ablehnung einhergehen könnte, da die pornografischen

---

[67] (vgl. GRIMM/RHEIN/MÜLLER 2011, S. 16f.)

Darstellungen eine erfüllte Sexualität auch ohne feste Partnerschaft zeigt. Empirisch ist dies allerdings nicht belegt, da keine Langzeitstudien hierzu durchgeführt wurden[68].

Verhalten: Hierbei nimmt Pornografie Einfluss auf das eigene Verhalten des Konsumenten, wie beispielsweise das Nachspielen von gezeigten Sexualpraktiken oder aggressiven Verhaltensweisen. Ob Letzteres durch das intensive Konsumieren von Pornografie gefördert wird ist umstritten. So wurde festgestellt, dass die Aggressivität durch den Konsum von Pornografie bei den Probanden anstieg, die bereits vor dem Konsum ärgerlich waren. Allerdings handelte es sich dabei um keine sexuelle Aggressivität. Ferner wurde deutlich, dass die Auswirkung des Pornografiekonsums individuell von

---

[68] (vgl. GRIMM/RHEIN/MÜLLER 2011, S. 17ff.)

unterschiedlichen Faktoren abhängig ist. Dabei spielen vor allem Sozialisation (kulturelle Hintergründe, Erziehung), aber auch Charaktereigenschaften und Bildung der jeweiligen Person eine Rolle. In diesem Zusammenhang wurde beobachtet, dass gerade bei niedrigem Bildungsniveau und bereits vorhandenen Tendenzen in Bezug auf Frauenfeindlichkeit bzw. sexueller Aggression am stärksten negative Wirkungen durch den Pornografiekonsum aufweisen. Dennoch weist ein hoher Konsum von Pornografie nicht zwangsläufig auf sexuell aggressives Verhalten hin. So wurde festgestellt, dass die Männer ohne bereits vorhandenen Negativeinstellung gegenüber Frauen und Hang zur Promiskuität keine Reaktionen in Bezug auf sexueller Aggressivität zeigten. Eine Steigerung der Aggressivität durch einen höheren Pornografiekonsum konnte demnach nur bei den vorbelasteten Männern festgestellt werden. Dennoch wurde hierbei als Einflussfaktor weniger der Medienkonsum als frühere prägende Erfahrungen aus der Kindheit benannt. Es wurde festgestellt, dass die meisten Männer durch den Pornografiekonsum keine sexuellen Aggressionen zeigten[69].

Medienbezogenes Verhalten: Grimm, Rhein und Müller fassen die möglichen Wirkungsrisiken in Bezug auf das Mediennutzverhalten zusammen, wobei vor allem die quantitative Steigerung des Pornografiekonsums bei häufiger Rezeption bzw. bei frühem Erstkontakt benannt wird. Aber auch die Möglichkeit einer Sucht bzw. die Realitätsflucht in die Porno-Welt wird als Risikofaktor für Personen in schwierigen

---

[69] (vgl. GRIMM/RHEIN/MÜLLER 2011, S. 19ff.)

Lebenssituationen benannt, wodurch sich die Betroffenen zunehmend isolieren[70].

Es wurde deutlich, dass die möglichen Wirkungsrisiken von Pornografie nicht in erster Linie auf den Pornografiekonsum als einzelnen Einflussfaktor zurückzuführen sind. Grimm, Rhein und Müller halten fest: „Negative Wirkungen treten jedoch nicht bei jedem in gleichem Maße ein. Die Forschung hat gezeigt, dass die individuelle Disposition, die Persönlichkeit und auch die Lebensumstände entscheidend dafür sind, ob eine Person problematische Einstellungen und Verhaltensweisen entwickelt bzw. ob diese verstärkt werden"[71].

---

[70] (vgl. GRIMM/RHEIN/MÜLLER 2011, S. 22f.)

[71] (GRIMM/RHEIN/MÜLLER 2011, S. 23f.)

4.2   Wie wirkt Pornografie auf Jugendliche?

Spätestens seit Ende der 2000er Jahre häufte sich das Thema des jugendlichen Pornografiekonsums in den öffentlichen Medien, meist mit einem skandalisierenden Charakter. Die Sorge um eine Verrohung der aktuellen Generation wurde laut. Als Beispiel lässt sich hier das von Siggelkow/Büscher (2010) veröffentlichte Buch „Deutschlands sexuelle Tragödie" anführen, das ein Bild über die Lage der Jugendlichen in Deutschland zeichnet, welches auf den 30 angeführten Lebensgeschichten beruht[72]. Auch Pornografie bekommt, als Teil des Übels, ihr eigenes Kapitel („Die Pornoseuche"[73]). Es werden Extrembeispiele genannt, welche zwar in

---

[72] (SIGGELKOW/BÜSCHER 2010: Deutschlands sexuelle Tragödie)

[73] (SIGGELKOW/BÜSCHER 2010, S. 59ff.)

ihrem Einzelfall nicht ignoriert werden dürfen, allerdings ist die daraus entstehende Verallgemeinerung einer landesweiten Jugendsexualitätskrise kritisch zu betrachten. Abschließend warnen Siggelkow und Büscher in ihrem Schlusswort, dass Deutschland auf eine „sexuelle Verrohung" zusteuert und bei nicht Handeln einer „düsteren Zukunft" entgegengeht[74]. Doch stellt sich hier die Frage, ob dem wirklich so ist und inwieweit Pornografie als Medium Einfluss auf Jugendliche nimmt.

Die Sorge der sexuellen Verrohung der Jugendlichen ergibt sich in erster Linie aus der Bewertung von Pornografie, bzw. deren zugeschriebenen Nutzwirkungen. In Bezug auf die bereits vorgestellten Wirkungsannahmen wird davon ausgegangen, das Pornografie die Gefahr mit sich bringt, dass Jugendliche sich diese als

---

[74] (vgl. SIGGELKOW/BÜSCHER 2010, S. 181)

Beispiel nehmen und die darin gezeigten sexuellen Darstellungen für sich selbst übernehmen könnten. Dabei wird Pornografie des Öfteren verallgemeinert und auf ihre Negativbeispiele reduziert. In diesem Zusammenhang entsteht die Sorge, dass die Pornografie Jungen abstumpfen lässt und diese Frauen als jederzeit sexuell verfügbares Objekt wahrnehmen, während die Mädchen sich dem Glauben hingeben, dies sei die Normalität und die geforderten Erwartungen bedienen. Daraus ergibt sich eine Aufteilung in Täter- und Opferrolle[75].

Wenn auch hirnpsychologische und neuropsychologische Erklärungen in Bezug auf den Einfluss von Medien auf das Gehirn, diese Wirkungsannahmen auf den ersten Blick nachvollziehbar erscheinen lassen, weißt Weller (2009) darauf hin: Der Mensch ist nicht nur

---

[75] (vgl. WELLER 2009, S. 10)

Gehirn, sondern eine aktive Persönlichkeit. „Die moderne (multidisziplinäre) Medienwirkungsforschung geht (..) davon aus, dass es keine passive Prägung durch Medien gibt, sondern dass es von verschiedenen Persönlichkeitseigenschaften des Konsumenten, seinen Nutzungsmotiven und seinem sozialen Umfeld (Familie, Schule, peer group) und natürlich von den Inhalten der Medienbotschaft abhängt, wie sie wirken"[76]. Weller macht deutlich, dass die Annahme, dass der Einzelne die gesehenen pornografischen Darstellungen unweigerlich in eigene sexuelle Skripte übernimmt, an der Individualität der Personen scheitert. Die individuellen Reaktionen der Menschen auf sexuelle Darstellungen haben Einfluss darauf, was sich der einzelne Konsument ansieht, was ihm gefällt, was er abstoßend findet

---

[76] (WELLER 2009, S. 10)

oder langweilig. Pornografie- bzw. Mediennutzung ist demnach kein passiver Prozess, in dem alles übernommen wird, was auf dem Bildschirm zu sehen ist, sondern ist vielmehr ein aktiver Prozess, in dem der Nutzer Einfluss darauf hat, was er sich ansieht bzw. welchen Wirkungen er sich aussetzten möchte[77].

Es stellt sich die Frage, wie Jugendliche das Gesehene wahrnehmen, welchen Wert der Pornografie seitens der Jugendlichen gegeben wird und wie sie damit umgehen.

4.2.1 Wird Pornografie als realitätsnah wahrgenommen?

So geht auch Matthiesen relativierend auf die Sorge der unkritischen Übernahme sexueller Skripte durch Jugendliche ein und macht es von vier Faktoren abhängig, ob pornografische

---

[77] (vgl. WELLER 2009, S. 10f.)

Darstellungen durch die jungen Nutzer als realitätsnah oder als unrealistisch wahrgenommen werden:

- Die wahrgenommene Realität „(..) hängt davon ab, was man sich ansieht,
- von den eigenen sexuellen Erfahrungen, mit ihnen kann man das Gesehene vergleichen und dazu kann man es ins Verhältnis setzten,
- von der jeweiligen Pornokompetenz[78] der Betrachtenden,
- vom Ausgang der Verhandlung mit dem Partner oder der Partnerin auf die Frage,

---

[78] hier nimmt Silja Matthiesen Bezug auf das Pornokompetenz-Modell von DÖRING (2011b). Dieses Kompetenz-Modell wird an späterer Stelle – Kapitel 5.3 – näher betrachtet.

ob bestimmte Pornoinhalte ausprobiert werden sollen"[79].

Bei der Befragung der Mädchen wurde deutlich, dass diese sehr wohl erkennen, dass es sich bei Pornografie um eine inszenierte Welt handelt. Ihnen ist bewusst, dass der gezeigte Sex von Schauspielern dargestellt wird und die Bedürfnisse der Zielgruppe ansprechen soll. Dabei wird auch klar geäußert, dass bei dieser Form der Pornografie (Mainstream Pornografie) Sex gezeigt wird, welcher ohne Liebe stattfindet und eher als Arbeitsalltag eines Pornodarstellers verstanden wird. 50 von 56 Mädchen finden, dass Pornos unrealistisch sind. Dies machen sie hauptsächlich an der überspitzen Darstellungen und unrealistischen Handlungen fest. Des Weiteren können sich die Mädchen aufgrund eigener Erfahrungen von der fehlenden Intimität

---

[79] (MATTHIESEN 2013, S. 163)

der Pornografie distanzieren und Gefühle für sich selbst als wichtigen Bestandteil ihrer eigenen Sexualität festmachen. Jugendliche sind in der Lage, sich von den sexuellen Darstellungen zu distanzieren, diese reflektieren und diese als Teil einer fiktiven Medienwelt – wie bei anderen Filmen auch – zu verstehen. Somit dienen die übertriebenen Formen der Darstellungen eher dazu, um diese als Erkennungsmerkmal des (Film-)Genres Pornografie/Erwachsenenunterhaltung zu nutzen[80].

Auch bei der Befragung der Jungen durch Schmidt (2013) wurde deutlich, dass diese die dargestellte Sexualität in Pornofilmen nicht besonders wirklichkeitsnah einordnen. Auch wenn durch die männliche Zielgruppenorientierung des Pornomainstreams

---

[80] (vgl. MATTHIESEN 2013, S.163ff.)

bei manchen Darstellungen Parallelen zu sexuellen Fantasien der Jungen gezogen werden können, stellen die Jungen dennoch fest, dass der dargestellte Sex nicht mit dem der Realität gleichzusetzen ist. Dabei wird besonders hervorgehoben, dass das *Emotionale* und *Romantische* in den pornografischen Darstellungen fehle. Dem gegenüber erleben oder wünschen sich die Jugendlichen eine zärtlichere Sexualität. Dabei sehen sie Liebe, Vertrauen und den gegenseitigen Respekt als zentralen Bestandteil und finden es schöner sich Zeit für ein Vorspiel zu nehmen. Auch wird erkannt, dass es sich bei der Pornografie um eine inszenierte Welt handelt, die sich vor allem durch unrealistische Handlungen, ihrer künstlichen Darstellung von wechselnden Stellungen, und durch Übertreibungen auszeichnet und dadurch erkennen lässt. Ähnlichkeiten sehen manche Jungen in einem One-Night-Stand zum Sex der

Pornografie, wenn auch diese Form der Sexualität nicht von großer Bedeutung für die befragten Jungen ist. Die Jugendlichen sind in der Lage, ihre eigene Welt von dem der inszenierten Pornografie zu trennen und wünschen sich für ihre eigene Sexualität eine höhere Qualität als die der Pornoindustrie[81].

Diese Aussagen der Jugendlichen ergänzen sich mit denen der Befragung von Grimm, Rhein und Müller: Auch hier schätzen die Jungen die Schauspieler, als auch die Handlungen als unrealistisch ein. Es wurde deutlich, dass mit zunehmendem Alter und Reife der Jungen, diese Pornografie quasi mit einer Selbstverständlichkeit als unrealistisch wahrnehmen, insbesondere die gezeigten sexuellen Leistungen der Darsteller. Dabei ist zu beachten, dass die Jungen sich hierbei auf die professionelle Pornoproduktion beziehen.

---

[81] (vgl. SCHMIDT 2013, S. 196f.)

Amateurpornografie wird von den Jugendlichen als realitätsnäher eingeordnet[82]. Dies macht deutlich, dass die Jungen Pornografie nach ihrem Inhalt kategorisieren und einem von ihnen definierten Sub-Genre zuordnen können. Dies führt zu der Frage, welche Pornografie bevorzugt genutzt wird und welche eher vermieden wird.

4.2.2 Wahl der Pornografie – Was wird gemocht? Was wird abgelehnt?

Pornografisches Material wird in den Erzählungen der Jugendlichen in zwei Gruppierungen unterschieden. Zunächst wird von der *normalen* Pornografie gesprochen, welche die größere Verwendung findet, insbesondere im Zusammenspiel mit Selbstbefriedigung. Bei der zweiten Gruppierung handelt es sich um die pornografischen Materialien, welche von der

---

[82] (vgl. GRIMM/RHEIN/MÜLLER 2011, S. 95f.)

Norm abweichen und als *bizarr, abartig* bzw. *abstoßend* betitelt werden[83]. Letztere sind zwar bekannt, werden aber nicht für sexuell motivierte Erfahrungen seitens der Jungen genutzt. Die Jungen sind sich einig, in der Wahl der Pornografie zur Masturbation werden realitätsnahe Filme bevorzugt genutzt. „Der Sex im Porno soll so ähnlich sein, wie der, den sie selbst praktizieren oder sich vorstellen, vielleicht ein wenig versierter, raffinierter und wagemutiger"[84]. Dabei handelt es sich um Filme, die den Geschlechtsverkehr von Mann und Frau darstellen, welcher von Natürlichkeit geprägt sein soll. Dennoch sind auch nicht alltägliche Stellungen gewünscht. Der Oralverkehr wird noch zur Norm gezählt und von den Jungen akzeptiert, anders als beim Analverkehr, welcher

---

[83] (vgl. SCHMIDT 2013, S. 172; GRIMM/RHEIN/MÜLLER 2011, S. 55ff.)

[84] (SCHMIDT 2013, S. 172)

schon über die Norm hinausgehe. Des Weiteren wird die Darstellung von Sex zwischen zwei Frauen von jedem vierten Jungen erwähnt und als erregend empfunden. Dies wird von Schmidt (2013) damit erklärt, dass die Jungen beim Pornografiekonsum die männlichen Darsteller des Öfteren als störend empfinden und diese deshalb bei heterosexuellen Darstellungen als Charakter eher ignoriert bzw. ausgeblendet werden[85]. Bei pornografischen Darstellungen von lesbischen Sex ist dies nicht nötig und der Zuschauer kann sich selbst in der Hauptrolle sehen.

Ablehnung seitens der Jugendlichen erfahren vor allem die pornografischen Darstellungen der zweiten Gruppierung und eignen sich nicht zur Masturbation. Hierzu zählen nach Angabe der Jungen „(…) Pornos, die ungewöhnliche, paraphile oder gewalttätige Sexualität darstellen,

---

[85] (SCHMIDT 2013, S. 173)

wie folgende Aufstellung zeigt: erotische Kot- oder Urinspiele (hat jeder Dritte schon einmal gesehen); Sadomasochismus, Bondage (jeder Vierte); anale oder vaginale Insertionen mit Objekten, Fisting (jeder Fünfte); Sex von Frauen oder Männern mit Tieren (jeder Sechste); Gewalt, Vergewaltigung, „Gang bang" (jeder Achte), Fetische (jeder Zehnte); Monstersex (Animation, jeder Zwanzigste)"[86]. Die Kenntnis über diese Pornokategorien ziehen die Jungen weniger aus eigenen Nutzungsmotivationen, sondern viel mehr – wie bereits im Kapitel der Pornografienutzung erwähnt – aus Erfahrungen in Gruppensituationen oder aus Erzählungen innerhalb der Peer Group. Ferner wird diese Form der Pornografie, teils gelassen, häufiger jedoch mit dem zeigen starker Abneigung abgelehnt und als nicht erregend klassifiziert. Insbesondere

---

[86] (SCHMIDT 2013, S. 175)

gewalttätige Pornografie wird von den Jungen stark abgelehnt und versichern sich dadurch ihrer eigenen *normalen* Sexualität. Auch Kinderpornografie wird von jedem Zehnten befragten Jugendlichen von sich aus angesprochen. Diese kennen die Jungen nur von Erzählungen, verurteilen diese aufs Schärfste, lehnen sie konsequent ab und wünschen sich in diesem Zusammenhang stärkere Bestrafungen der Täter[87].

Auch die Mädchen der Befragung von Grimm, Rhein und Müller (2011) reagieren mit Ekel, besonders auf härtere pornografische Darstellungen. Dabei ist Ekel bei den befragten Mädchen die zentrale Gefühlsbeschreibung in Bezug auf die Wirkung von pornografischem Material. Fokusgruppenspezifisch lässt sich festhalten, dass die Gruppe der porno-

---

[87] (vgl. SCHMIDT 2013, 176f.)

ablehnenden Mädchen nach ihrer Definition der Pornografie zugehörigen Darstellungen mit Ekel begegnet. Außerdem wird deutlich, dass diese mit ihrer moralischen Bewertung nicht nur dem Inhalt von Pornografie, sondern auch deren Produktion kritisch gegenüber stehen. Auch wird der Pornografiekonsum von Jugendlichen seitens der porno-ablehnenden Mädchen abgewertet. Für die Mädchen ist das Ziel der Pornografie, das Erzeugen von sexueller Erregung, eher etwas, das die Jungen betrifft. Sie selbst distanzieren sich eher davon, durch Pornografie sexuelle Erregung zu erfahren. Selbst bei der Fokusgruppe der porno-tolerierenden Mädchen, welche der Pornografie bzw. sexuellen Themen eher entspannt gegenüberstehen[88], hört die emotionale Abgeklärtheit bei von der Norm abweichenden pornografischen Darstellungen (wie z.B.

---

[88] (vgl. GRIMM/RHEIN/MÜLLER, S. 168f.)

Tierpornografie) auf und reagierten mit Ekel oder mit Schock[89].

Auch Weller stellt fest, dass verschiedene Inhalte von Pornografie auch verschieden auf die Betrachter wirken. Durch die Ablehnung der gewalttätigen Pornografie seitens der Jugendlichen wird deutlich: „Pornografie gewinnt also mit dem Alter an Akzeptanz, nicht jedoch Gewalt"[90]. Eine Feststellung, die relativierend auf die Annahme der sexuellen Verwahrlosung der Jugendgeneration einwirkt.

4.2.3 Wie bewerten Mädchen Pornografie?

Nachdem geklärt wurde, dass gewalttätige und andere normabweichende Pornografie seitens der Jugendlichen beider Geschlechter abgelehnt wird, stellt sich nun die Frage, wie Pornografie

---

[89] (vgl. GRIMM/RHEIN/MÜLLER, S. 166f.)

[90] (WELLER 2009, S. 11)

allgemein bewertet wird. Hierzu stellte Matthiesen (2013) fest, dass die meisten Mädchen eine liberale, aber desinteressierte Haltung gegenüber Pornografie haben. Das heißt, dass 50% der befragten Mädchen den Konsum von Pornografie in der Regel nicht verurteilen, sie für sich selbst aber nicht ansprechend oder überhaupt von Thema ist. Es wird zum Ausdruck gebracht, dass jeder selbstbestimmt über seine Sexualität verfügt, und demnach auch Pornografie konsumieren könne. Die Haltung der Ablehnung gegenüber Pornografie nehmen 25% der befragten Mädchen ein. Hier werden ähnliche Begründungen, wie auch bei der Gruppe der porno-ablehnenden Mädchen von Grimm, Rhein und Müller benannt. So wird auch hier die Produktion von Pornografie kritisiert. Manche Mädchen gehen davon aus, dass manche Pornodarstellerinnen ihre Tätigkeit unter Zwang ausüben und dies als eine andere Form der

Prostitution sehen. Dem gegenüber stehen 25% der befragten Mädchen Pornografie mit einer liberalen, aufgeschlossenen und neugierigen Haltung. Dabei kritisieren manche der aufgeschlossenen Mädchen ebenfalls die Handlungen und für sie nicht erregenden Darstellungen der am stärksten verbreiteten Mainstreampornografie, wünschen sich allerdings hierfür alternative, für sie anregende und nachvollziehbarere Pornografie. Manche der Mädchen berichten von eigenen Erfahrungen des Pornokonsums mit ihrem Freund oder sogar der gemeinsamen Produktion, als Bereich der partnerschaftlichen Sexualität. Es ist zu beachten, dass die Haltung zur Pornografie unter anderem von den bereits gemachten sexuellen Erfahrungen, dem Alter, aber auch von der Prägung durch die Peer Group bzw. von einer vorhandenen religiösen bzw. kulturellen Sozialisation beeinflusst wird. So wird deutlich, dass eine liberale Einstellung vor allem unter den Mädchen zu finden ist, die bereits sexuelle Erfahrungen (Koitus und/oder Masturbation) gemacht haben. Trotz des hauptsächlich nicht vorhandenen Interesses der befragten Mädchen, antworteten 13 von 80 Mädchen, dass der Konsum von Pornografie anregend sein kann oder zumindest spannend ist. Matthiesen merkt an, dass die Mädchen hierbei häufig in einem Zwiespalt stehen und die Erregung von Pornografie bei ihnen für Irritationen sorgt. Auf der einen Seite mag Pornografie in der Lage sein sie zu erregen, auf der andern Seite kann dies mit dem klassischen Rollenverständnis der Geschlechter, welches Pornografie eher der männlichen Sexualität zuordnet, schwierig in Einklang zu bringen sein. Dass Pornografie ein rein männliches Thema ist, wird durch die liberale

Haltung der Mädchen relativiert[91]. Es wird deutlich, dass vielmehr die Erfüllung von inhaltlichen Ansprüchen und/oder äußere Rahmenbedingungen (z.B. Paarsetting) von Bedeutung ist, welche den Pornografiekonsum ebenso für Mädchen interessanter werden lassen kann.

4.2.4 Pornografie als Aufklärungs- und Inspirationsquelle

Es stellt sich die Frage, inwieweit wird Pornografie von den Jugendlichen als eine Quelle für Aufklärung empfunden wird. So teilten sich bei der Studie von Matthiesen (2013) die Sichtweisen der befragten Mädchen in zwei Bereiche. Die eine Hälfte der Mädchen ist der Ansicht, dass Pornografie durchaus als Informationsquelle für aufklärende Fragen dienen

---

[91] (vgl. MATTHIESEN 2013, S. 154ff.)

kann. Dabei werden unterschiedliche Beispiele benannt. So kann Pornografie einen guten Überblick über die Vielfalt der sexuellen Praktiken bieten. Es wird geäußert, dass Pornografie quasi direkt zeigt, was beim Geschlechtsverkehr passiert, was Unsicherheiten vor dem Ersten Mal lösen kann. So sprechen sich die Mädchen dafür aus, dass das Ansehen von Pornografie enthemmend wirken und als Ideen- und Anregungsquelle genutzt werden kann. Gerade der Lernprozess für eigene sexuelle Erfahrungen wird von den Mädchen in ihrer Lebensphase als wichtig empfunden. In diesem Zusammenhang können Pornos auch zum Finden der eigenen Grenzen dienen. Diesbezüglich bleibt nach wie vor festzuhalten, dass die jungen Frauen sich darüber im Klaren sind, dass Pornografie nicht die Realität zeigt. Sie sind dadurch in der Lage das Gesehene zu filtern. Die andere Hälfte der befragten Mädchen tendiert zur Skepsis, was den Aufklärungswert der Pornografie betrifft. Zum einen wird hierfür die Realitätsferne zum Anlass genommen, zum anderen werden Sorgen der Mädchen geäußert, dass durch das Nutzen von pornografischen Darstellungen als Aufklärungsquelle unrealistische Erwartungen entstehen, insbesondere bei ihren Partnern. So wird mit Bezug auf die Partnersexualität erwähnt, dass die Pornografie als Vorbild zu einem falschen Perfektionismus führen kann, welcher die gemeinsamen sexuellen Erfahrungen eher stört als fördert. So halten die Mädchen einen offenen Austausch für wichtiger als das Vortäuschen sexueller Kompetenzen aus der Pornografie[92]. Matthiesen hält fest, dass die befragten Mädchen in der Lage sind zwischen der inszenierten Sexualität und der realen Partnersexualität zu reflektieren: „Sie haben

---

[92] (vgl. MATTHIESEN 2013, S. 166ff.)

Strategien erarbeitet, die Pornowelten in einer für sie förderlichen Weise zu nutzen, sie auch wieder zu verlassen oder sie gar nicht erst zu beachten"[93]. Somit wird bei der Informationsquelle Porno diese nicht als allumfassendes Vorbild verstanden, sondern wird mit der Realität abgeglichen und hinterfragt. Erst dann entscheiden die Mädchen, was sie eventuell mit dem Partner ausprobieren möchten oder welche Praktiken für sie nicht in Frage kommen.

Auch die befragten Jungen äußern sich vermehrt zur Inspirationsfähigkeit von Pornografie. So können sie aus den pornografischen Darstellungen Teilbereiche entnehmen, welche sie auch selbst ausprobieren möchten. Hierbei geht es allerdings ebenfalls weniger um die radikale Übernahme des Gesehenen sondern bezieht sich hauptsächlich auf Anregungen für

---

[93] (MATTHIESEN 2013, S. 168)

Sexstellungen, aber auch Anregungen für das Vorspiel (z.b. Oralverkehr). Es wird ebenfalls, wie bei den Mädchen, geäußert, dass der Konsum von Pornografie eine Möglichkeit ist, sich vorbereiteter auf das Erste Mal zu fühlen bzw. sich diesbezüglich Unsicherheiten zu nehmen. Dennoch sind sich die befragten Jungen hierzu einig, dass die Grenze der Pornografie als Inspirationsquelle darin bestünde, dass echte sexuelle Kompetenzen vor allem durch die eigenen sexuellen Erfahrungen entstehen[94]. Somit kann gesagt werden, dass durch den Konsum von Pornografie der Blick auf die verschiedenen sexuellen Möglichkeiten erweitert wird, welche bei beidseitiger Zustimmung in der Realität ausprobiert und bei Gefallen beibehalten bzw. bei Missfallen verworfen werden kann.

---

[94] (vgl. SCHMIDT 2013, S. 192f.)

4.2.5 Einfluss auf das Frauen- und Männerbild

Es stellt sich die Frage, wie die Jugendlichen die Geschlechterunterschiede in Bezug auf den Pornografiekonsum wahrnehmen und inwieweit das Frauen- und Männerbild durch pornografische Darstellungen beeinflusst wird.

So kommen Grimm, Rhein und Müller (2011) durch ihre Befragung zu dem Schluss, dass die Bewertung der Geschlechterunterschiede auf nicht gleichberechtigten Vorstellungen beruht. Sowohl bei den Jungen, als auch bei den Mädchen wurde die Erklärung deutlich, dass Jungen aus biologischen Gründen triebgesteuert sind und Pornografie dadurch eher Jungensache ist. Das sexuelle Interesse der Jungen wird mit biologischen Gegebenheiten begründet und akzeptiert. Dem gegenüber werden Mädchen bei gleichem Verhalten (z.B. wechselnde Partner, sexuelle Aktivität, etc.) als *Schlampe* kategorisiert, während dies bei den Jungen eher als positiv wahrgenommen wird. Auch bei den Mädchen, welche zwar dieser Doppelmoral und unterschiedlichen Bewertung kritisch gegenüberstehen, wird dieses Gedankenmodell akzeptiert und sehen die Bewahrung ihres Rufes, gerade in Bezug auf Sexualität und Pornografie als besonders wichtig an. So sehen Grimm, Rhein und Müller, dass das *Schlampen-* bzw. *Frauenheld*-Modell durch pornografische Darstellungen gefördert wird[95].

 Matthiesen (2013) sieht diese Deutung der Geschlechterunterschiede kritisch und stellt fest, dass die Zitate aus der Studie von Grimm, Rhein und Müller von Jugendlichen mit Migrationshintergrund, also aus Elternhäusern mit geschlechtertraditioneller, kulturbedingter Sozialisation stammen und dies beim Aufeinandertreffen von Jugendlichen

---

[95] (vgl. GRIMM/RHEIN/MÜLLER 2011, S. 257f.)

geschlechterliberaler Sozialisation mit Konflikten einhergehen kann. So stellt Matthiesen fest, dass bei ihrer Befragung lediglich 19% der Mädchen den Begriff *Schlampe* verwendeten, welcher „vor allem von solchen Frauen verwendet wird, deren Eltern (oder ein Elternteil) aus einer geschlechtertraditionellen Kultur eingewandert sind"[96]. Bei den Jungen wurde der Begriff *Schlampe* so gut wie gar nicht verwendet, lediglich bei 3 von 80 Befragten. Ferner wird durch die Befragung Matthiesen deutlich, dass die Mädchen gelassen mit dem sexuellen Interesse der Jungen in Bezug auf Pornografie umgehen und die verschiedenen sexuellen Bedürfnisse respektiert werden. Eine Doppelmoral, durch die das Nutzen von Pornografie bei Mädchen und Jungen unterschiedlich bewertet wird, ist bei den Mädchen ohne geschlechtertraditionellen

---

[96] (MATTHIESEN 2013, S. 162)

Hintergrund nicht zu finden. Die meisten Mädchen tolerieren den Pornografiekonsum von den Jungen und stehen dem, auch innerhalb der eigenen Beziehung, gelassen gegenüber. Letzteres mit der Voraussetzung, dass sich das sexuelle Interesse des Partners lediglich innerhalb der medialen Welt abspielt[97]. Es bleibt festzuhalten, dass die unterschiedliche Bewertung des sexuellen Verhaltens von Mädchen und Jungen stark von der eigenen Sozialisation abhängt. Unabhängig von möglichen Darstellungen der Geschlechterrollen in Pornos wünschen sich die Jugendlichen innerhalb der Beziehung ein gleichberechtigtes Rollenverständnis.

In diesem Zusammenhang stellt sich auch die Frage, wie die männlichen Darsteller in Pornofilmen von den Jungen wahrgenommen

---

[97] (vgl. MATTHIESEN 2013, S. 162f.)

werden. Schmidt (2013) stellt fest, dass die befragten Jungen in Bezug auf die Darsteller in erster Linie die Frauen erwähnen, während die Männer in der Regel außen vor gelassen werden. Es wird deutlich, dass für die Jungen die Frau im Fokus steht. Die Männer werden entweder ausgeblendet bzw. als irrelevant eingestuft. So kommen lediglich Voraussetzungen in Bezug auf die männlichen Darsteller zu Sprache, welche die Jungen insbesondere in Form ästhetischer Ansprüche stellen (z.B. nicht eklig, nicht dick etc.). Dass der männliche Darsteller von den Jungen eher weniger Beachtung findet, zeigt sich auch darin, dass dargestellter Gruppensex eher zu akzeptieren ist, wenn darin der Frauenanteil überwiegt. So wird ein Männerüberschuss in pornografischen Darstellung von den Jungen eher als Konkurrenz oder teilweise als *zu homosexuell* eingestuft. Homosexuelle Darstellungen werden von den Jungen als abstoßend[98] und irritierend empfunden, wo hingegen lesbische Darstellungen als erotisch angesehen werden. Zu Letzterem hält Schmidt fest, dass die Jungen bei pornografischem Lesbensex eher von *zwei Frauen* als von *Lesben* sprechen, was damit zu erklären ist, dass zwei Frauen für die Jungen erreichbarer bleiben. Bei pornografischen Darstellungen zwischen Frauen ist der männliche Konkurrent nicht vorhanden und es wird von den Jungen geschätzt, dass der Sex zwischen den beiden Frauen sinnlicher sei, als bei der klassischen Mainstreampornografie zwischen Mann und Frau. Darüber hinaus ist auch zu erwähnen, dass die männlichen Darsteller, aufgrund ihrer andauernden Potenz und sexuellen Kompetenzen auch als übermenschlich wahrgenommen werden, auch wenn den Jungen

---

[98] (hierzu auch vgl. ALTSTÖTTER-GLEICH 2006, S. 32f.)

klar ist, dass bei den Pornos vieles inszeniert ist[99]. So halten auch Grimm, Rhein und Müller fest, dass diese inszenierte Perfektion irreal ist und dass „(…) Pornografie im speziellen, aber auch sexualisierte Inhalte in den Medien allgemein, für männliche Jugendliche eine Utopie aufbauen, die, wie sie selbst bemerken, in ihrer Realität nie einholbar ist"[100]. Die ausgewählten Darsteller innerhalb der Mainstreampornografie, aber auch in der (sexualisierten) Werbung werden demnach in der Regel einem Schönheitsideal entsprechen, welches in der Realität, auch aus Sicht der Jugendlichen, kaum erreicht werden kann, aber auch nicht muss.

---

[99] (vgl. SCHMIDT 2013, S. 173f.)

[100] (GRIMM/RHEIN/MÜLLER 2011, S. 109)

4.2.6 Setzt Pornografie unter Druck?

Ob das Konsumieren von pornografischen Filmen dazu führt, dass die dargestellte Perfektion einen Leistungsdruck bei den Jugendlichen in Bezug auf die eigene Sexualität entstehen lässt, wird von den Jungen in der Studie von Grimm, Rhein und Müller (2011) als mögliche Auswirkung auf Andere angesehen, weniger bei sich selbst. So seien vor allem Frauen von den Idealdarstellungen in Bezug auf den Körper innerhalb der medialen Welt – in TV, Film, Werbung, aber auch Pornografie – betroffen, was diesbezüglich zu einem Leidensdruck führen kann. Aber auch männliche Nutzer könnten sich von den pornografischen Übertreibungen in Sachen *Penislänge* oder *Stehvermögen* unter Druck gesetzt fühlen, so die Vermutung der Jungen. Die Jungen beziehen sich hierbei ausschließlich auf mögliche Auswirkung bei anderen, was allerdings nicht zwangsläufig bedeuten muss, dass sie diesbezüglich nicht selbst schon Erfahrungen mit druckausübenden Gedanken hatten. In diesem Zusammenhang geben die befragten Jungen an, dass sie insbesondere aufgrund der Realitätsferne von medialen bzw. pornografischen Darstellungen diese als Solche enttarnen und somit einem möglichen, entstehenden Leistungsdruck aus dem Weg gehen können. Ob dennoch durch bspw. Amateurpornografie diese einen Leistungsdruck bei den Jugendlichen entstehen lassen kann, sei nicht auszuschließen[101]. Allerdings zeigen die Antworten der Jungen einen möglichen Umgang, nämlich der Enttarnung der Pornografie als inszenierte Realität, um sich den Leistungsdruck zu entziehen und sind so in der Lage sich von diesen pornografischen Vorgaben zu distanzieren.

Ob Pornoinhalte dazu führen, dass Mädchen sich genötigt fühlen diese nachzuspielen, geht Silja

---

[101] (vgl. GRIMM/RHEIN/MÜLLER 2011, S. 89ff.)

Matthiesen (2013) in ihrer Befragung nach. Dabei wird deutlich, dass die jungen Frauen unterschiedlicher Meinung darüber sind, ob sie pornografische Inhalte für sich übernehmen. So wird erläutert, dass sich die Mädchen diesbezüglich weniger unter Druck gesetzt fühlen, sondern sich, wenn überhaupt, lediglich Anregungen aus pornografischen Darstellungen einholen, diese ausprobieren und bei Gefallen in ihr sexuelles Repertoire übernehmen. So wird als Beispiel der Oralverkehr als übernommene Praktik für das Vorspiel genannt. Generell wird deutlich, dass die Mädchen weniger das Gefühl haben, sie müssten das Gesehene übernehmen oder in Bezug auf den Partnersex erwartete Leistungen zu bedienen, sondern in diesem Zusammenhang viel mehr eine gute Kommunikation zwischen den Paaren stattfinden muss. Sexuelle Wünsche werden ausgetauscht und bei beidseitigem Einverständnis ausprobiert.

Findet diese Kommunikation nicht statt, sehen die
Mädchen auch keinen Anlass darin jegliche
Wünsche des Partners zu erfüllen und lehnen
unerwünschte Vorschläge ab. Allerdings
berichten die Mädchen, dass sie sich in der
Vergangenheit keiner der befragten Mädchen
genötigt fühlte für ihren Partner pornografische
Darstellungen zu imitieren. Ferner wird deutlich,
dass die jungen Frauen sich nicht in der
Verpflichtung sehen ausschließlich für die
sexuelle Befriedigung des Partners zuständig zu
sein, sondern sehen sich vielmehr (ebenso wie
ihren Partner) als Mitverantwortliche innerhalb
der Partnerschaft, um eine gemeinsame,
vielfältige Sexualität erleben zu können[102].

*Einschätzung der Jungen zur Schädlichkeit von
frühem Pornografiekonsum*

---

[102] (vgl. MATTHIESEN 2013, S. 168f.)

Die Jungen stehen bei der Einschätzung, ob Pornografie bei frühem Konsum schädlich sei, vor einem Paradox. Auf der einen Seite sagen die Jungen, dass es besser gewesen wäre nicht so früh mit Pornografie in Kontakt zu kommen, auf der anderen Seite bewerten sie ihre eigenen Erfahrungen mit Pornografie als unschädlich. Grimm, Rhein und Müller gehen auf diese widersprüchliche Wahrnehmung ein: „Ein Grund für diese Verwirrung dürfte sein, dass Pornografie von den Jungen in irgend einer Weise als verboten wahrgenommen wird, sei es aus religiösen oder aus juristischen Gründen (…). Da Verbotenes in der Regel mit Gefahr oder Schädlichkeit assoziiert wird, vermittelt sich für die Jugendlichen ein Gefühl der Gefährdung durch Pornografie, die sie jedoch bei sich selbst nicht wahrnehmen können"[103]. So lässt sich sagen, dass den

---

[103] (GRIMM/RHEIN/MÜLLER 2011, S. 87)

Jugendlichen bewusst ist, dass hierbei eine Grenzüberschreitung des gesellschaftlich Akzeptierten stattfindet, sie allerdings die erwartete Schädlichkeit aufgrund eigener Nutzungserfahrungen persönlich nicht feststellen können, aber trotzdem einer möglichen schädlichen Wirkung von Pornografie bei anderen nicht ausschließen wollen.

5. Bedeutung für die Sozialen Arbeit

Es stellt sich die Frage, welche Auswirkungen der Pornografiekonsum der Jugendlichen auf die pädagogische Arbeit von Eltern, Lehrern und Sozialarbeiter hat bzw. haben sollte und wie dieser Thematik in der Jugendarbeit bzw. Schulsozialarbeit begegnet werden kann. Zunächst steht hier die Auseinandersetzung und Reflexion verschiedener Reaktionsmöglichkeiten von Erwachsenen in Bezug auf Jugendsexualität und Pornografie im Fokus.

5.1 Umgangsstrategien der Erwachsenen in Bezug auf Jugendsexualität

Starke (2010) hat sich mit den Umgangsstrategien Erwachsener auseinandergesetzt und stellt diese in drei Bereichen vor: Sexuelle Aufklärung, Kompetenzerwerb und Verbotsstrategien[104].

Sexuelle Aufklärung – Es wird deutlich, dass sexuelle Aufklärung niemals abgeschlossen sein kann. Durch stetige Veränderungen des Zeitgeistes und durch neue Generationen, müssen sich die Akteure der sexuellen Aufklärung immer wieder neu an aktuelle Themen und Fragen der Gesellschaft anpassen und sich den damit einhergehenden Veränderungen öffnen. Dabei ist die sexuelle Aufklärung bezüglich der menschlichen Sexualität und Fortpflanzung der wesentliche Bestandteil der Sexualerziehung von

---

[104] (vgl. STARKE 2010, S. 78ff.)

Kindern und Jugendlichen. Das oft gescheute und als peinlich empfundene, einmalige, elterliche Aufklärungsgespräch vergangener Tage ist, auch aufgrund digitaler Informationsquellen, nicht mehr zeitgemäß. Vielmehr sollte „die Aufklärung kein einmaliges Ereignis, sondern ein ständiger Prozess sein (..), in dem Elternhaus, Schule, Buch, Massenmedien, Sexualberater zusammenwirken und in dem Heranwachsende sachgerechte Antworten auf ihre Fragen, wissenschaftlich begründete Informationen, Wertungsangebote erhalten und das Wissen und die Erfahrungen der Älteren nutzen können"[105]. Demnach sollte die Aufklärung auch Aspekte der erlebten Wahrnehmung oder auch mögliche Problematisierungen in Bezug auf sexuelle Themen stärker, neben der reinen Faktenübermittlung, in den Fokus nehmen. Ein

---

[105] (STARKE 2010, S. 79)

wesentlicher Punkt ist hierbei, dass die Aufklärung nicht als einseitiger Dialog verstanden wird, damit eine gute Kommunikation zwischen den Generationen stattfinden und jeder der Beteiligten etwas beitragen kann. Ferner wird deutlich, dass die sexuelle Aufklärung nicht nur über die Übermittlung von Wissen stattfindet, sondern auch über ein gelebtes Vorbild, insbesondere durch das des Elternhauses. Die verbalisierte sexuelle Aufklärung hat auch ihre Grenzen: So lassen sich individuelle Empfindungen in Bezug auf Lust und Leidenschaft nicht verallgemeinert darstellen und schwer in Worte fassen. Die Individualität und Vielfalt des sexuellen Erlebens von Jugendlichen und ihrer Eltern sollten für einen respektvollen Umgang nicht unbeachtet bleiben. So kann die eine Generation, die nachkommende zwar unterstützen, aber diese auch ihre eigenen Gefühle und Erfahrungen im Bereich des Sexuellen erleben. So gehört auch das Thema Pornografie heute zur Erlebniswelt der Jugendlichen und sollte, allen Berührungsängsten zum Trotz, nicht ausgeklammert werden. Pornografie gehört zur sexuellen Aufklärung dazu[106].

Kompetenzerwerb – Starke (2010) beschreibt hier zwei Tendenzen, welche bei der Auseinandersetzung mit Jugendlichen und Sexualität Anwendung finden können. Bei der ersten Tendenz werden Jugendliche als heranwachsende, sexuelle Wesen ausgeblendet. Die Unschuld der Jugend soll so lange wie möglich geschützt werden und es wird von den Erwachsenen vorgegeben, wie sich die nachkommende Generation sexuell auszuleben hat. Die Jugend wird bei einer solchen Tendenz weitestgehend von sexuellen Themen

---

[106] (vgl. STARKE 2010, S. 78ff.)

ferngehalten, auch vor pornografischem Material.
Dem gegenüber steht die zweite Tendenz, welche
der Sexualität der heranwachsenden Generation
mit Offenheit und Akzeptanz begegnet. Die
sexuelle Sozialisation wird als wichtiger
Teilbereich des Heranwachsens verstanden. Die
Jugendlichen sollen lernen und dabei unterstützt
werden, mit ihrer Sexualität umzugehen. Dabei
gewinnen die Jugendlichen in ihrem Verhalten an
Sicherheit, wenn diese von vorangegangenen
Generationen als Teil der Gesellschaft akzeptiert,
anerkannt und in ihrem Selbstwertgefühl bestärkt
werden. Auch in Bezug auf Pornografie ist der
Kompetenzerwerb Jugendlicher von Bedeutung.
Dabei kommt es weder darauf an, pornografische
Darstellungen zu befürworten noch zu
skandalisieren. „Kompetenz zu erwerben, heißt,
mit der Vielfalt, der Unendlichkeit der Angebote,
dem Guten und dem Bösen umgehen zu

lernen"[107]. Es bleibt demnach festzuhalten, dass Panikmache in Bezug auf Pornografie weniger hilfreich ist, als darüber zu informieren und junge Generationen dabei zu unterstützen, einen eigenen Umgang mit dieser Thematik zu finden[108].

Verbotsstrategien – Da für die Menschen als sexuelle Wesen eben diese Sexualität einen wesentlichen Bestandteil des Lebens ausmacht, mussten sich gesellschaftsbedingte Regelwerke des sexuellen Verhaltens entwickeln. Es entstanden unterschiedliche Gewohnheiten, aber auch Tabuthemen. So war in der Vergangenheit vor allem eine Sexualmoral der Lustfeindlichkeit durch kirchlichen Einfluss gegeben, welche durch die sexuelle Revolution der 1960er und 1970er

---

[107] (STARKE 2010, S. 81)

[108] (vgl. STARKE 2010, S. 80f.)

Jahre zu einer Liberalisierung führte. Dabei wurden veraltete Tabuthemen überholt und die sexuelle Selbstbestimmung stand im Fokus. Trotz der Liberalisierung und der Entkriminalisierung von pornografischem Material in den frühen 1970er Jahren, wurde in jüngster Vergangenheit das Verlangen nach einer härteren Gesetzgebung, auch im sexuellen Bereich, lauter. Starke (2010) benennt als Grund hierfür das Sicherheitsbedürfnis der Menschen, welches in unsicheren Zeiten steigt. Dabei fördern skandalisierende Medienberichte diese Unsicherheit. Auch Pornografie ist von Verbotsstrategien betroffen[109]. Für eine gute Kommunikation, besonders in intimen Bereichen, sind Verbotsstrategien, unabhängig davon ob diese vom Gesetzgeber oder von Erwachsenen im näheren Umfeld (Eltern/Pädagogen) ausgehen

---

[109] (vgl. STARKE 2010, S. 81ff.)

eher hinderlich statt förderlich. Starke sagt hierzu: „In der Sexualerziehung haben sich alte Verbots- und Gebotsstrategien nicht bewährt. Sie sind allmählich durch positive Modelle ersetzt worden. Nichts spricht dafür, wieder auf Strafen, Verbote, Indizierungen, Sperrungen zu setzen. Strenge Vorschriften mögen die Nachfrage beleben, aber im Grunde gehen sie an der Realität des jugendlichen Sexuallebens völlig vorbei"[110].

Es wird deutlich, dass eine moralisierende und ignorierende Grundhaltung in Bezug auf Jugendsexualität eine gute Kommunikation verhindert.

---

[110] (STARKE 2010, S. 83)

5.2 Kommunikation über Pornografie

Es stellt sich die Frage, inwieweit wird über Pornografie gesprochen und wie empfinden Jugendliche diese generationsübergreifende Kommunikation?

So befasste sich Schmidt (2013), bei seiner Befragung der Jungen, mit dem Kenntnisstand der Eltern über die Pornografienutzung ihrer Söhne. Dabei wurde deutlich, dass über mögliche Pornografie-Erfahrungen zwischen den Generationen so gut wie gar nicht geredet wird. Weder über die der Eltern, noch über die der Jungen. Der Pornografiekonsum findet heimlich statt und es wird vermieden, dass andere Familienmitglieder etwas davon mitbekommen könnten. Dennoch wird von ausgesprochenen Verboten der Eltern in Bezug auf Pornografie selten berichtet. Lediglich einer der Jungen aus einem geschlechtstraditionellen kulturellen

Hintergrund hält sich an ein ausgesprochenes Pornografie-Verbot der Eltern. Eher steht bei den seltenen Warnungen der Eltern die Gefahr vor Computer-Viren durch Internetpornografie im Fokus. Über die Einschätzung der männlichen Jugendlichen, ob ihre Eltern etwas von ihrem Pornografie-Konsum wissen, hält Schmidt (2013) fest, dass rund zwei Viertel der Befragten, welche Pornografie mehr als sporadisch nutzen, davon ausgehen, dass ihre Eltern keine Kenntnisse über ihre Pornografienutzung haben. Ohne mit ihren Eltern darüber gesprochen zu haben, vermuten rund ein Viertel der Jungen, dass ihre Eltern wohl ahnen, dass sich diese Pornos ansehen. So berichtet das letzte Viertel der Jungen entspannt, dass ihre Eltern wissen, dass sie sich Pornos ansehen und dies nicht seitens der Eltern bestraft wird. So ist weniger die Angst vor Bestrafung die Begründung für den heimlichen Pornografiekonsum, sondern viel mehr das

Schützen ihrer eigenen Intimität. So wird von den meisten Jungen geäußert, dass ihnen eine eventuelle Kenntnis der Eltern über ihren Pornografiekonsum, eher peinlich und unangenehm wäre. Dennoch gehen die meisten befragten Jungen beim Thema Pornografie von einer toleranten und weniger dramatischen Reaktion seitens der Eltern aus[111].

Auch die Mädchen der Befragung von Grimm, Rhein und Müller (2011) vermeiden die Kommunikation über Pornografie. So sehen auch sie, dass dieses Thema zu sehr in ihre Privatsphäre eingreifen würde, obwohl über Sexualität allgemein zwischen den Mädchen und den Eltern dennoch gesprochen wird. Manche Mädchen vermuten eine eher kritische Haltung seitens der Eltern in Bezug auf sexuelle, bzw. pornografische Internetangebote und vermeiden es deshalb mit

---

[111] (vgl. SCHMIDT 2013, S. 184ff.)

ihnen darüber zu sprechen. Ferner kommt zur Sprache, dass die jungen Mädchen in Bezug auf Internetpornografie die Eltern weniger als kompetente Ansprechpartner ansehen, da sie davon ausgehen, dass diese generationsbedingt über weniger Kompetenzen im Bereich der digitalen Medien verfügen. Des Weiteren halten sie Verbotsstrategien, als Eingriff in ihre Privatsphäre, für ungeeignete Maßnahmen und plädieren eher für eine frühe Aufklärung in Bezug auf die sexuellen Inhalte des Internets[112].

Darüber hinaus wird deutlich, dass sowohl die Jungen, als auch die Mädchen, Lehrer ebenfalls weniger als geeigneten Gesprächspartner in Bezug auf Pornografie wahrnehmen. So lehnen die Jungen den Austausch über persönliche Erfahrungen mit dem Lehrkörper ab und wünschen sich lediglich sachliche Informationen

---

[112] (vgl. GRIMM/RHEIN/MÜLLER 2011, S. 207ff.)

in Bezug auf die sexuelle Aufklärung. Die befragten jungen Männer bevorzugen es mit Gleichaltrigen über den Pornografiekonsum zu sprechen. Die Mädchen erwarten sowohl von Eltern, als auch von Lehrern mehr Offenheit in Bezug auf Pornografie[113].

Diese Offenheit für das Thema Pornografie, sowie eine schätzende Pädagogik und Erziehung, welche sich an den Bedürfnissen der Jugendlichen orientieren und mit deren Lebenswelt, Konflikten, Chancen und Herausforderungen auf dem Weg ins Erwachsenenalter auseinandersetzen soll, fordert auch die Broschüre „*Jugend + Porno = Erwachsenenpanik?[114]*" der Deutschen Gesellschaft für Familienplanung, Sexualpädagogik und Sexualberatung

---

[113] (vgl. GRIMM/RHEIN/MÜLLER 2011, S. 124ff; vgl. GRIMM/RHEIN/MÜLLER 2011, S. 212f.)

[114] Hierzu: (PROFAMILIA BERLIN O.J.)

(ProFamilia-Landesverband Berlin). Im nächsten Schritt werden pädagogische Handlungsmöglichkeiten und Anregungen aufgezeigt.

5.3 Pädagogische Handlungsempfehlungen

Zöllner sagt, dass ein effektiver Jugendschutz bedeutet, „(…)Kinder und Jugendliche stark zu machen, sich selbst mit schädlichen Einflüssen auseinander zu setzen und den Umgang mit ihnen erproben können. Dabei müssen sie von ihren Eltern, Lehrerinnen und Lehrern und den pädagogischen Fachkräften in den zahlreichen Angeboten der Kinder- und Jugendhilfe und darüber hinaus unterstützt werden"[115]. In diesem Zusammenhang wird deutlich, dass nicht nur die

---

[115] (PROFAMILIA BERLIN O.J., S. 3)

junge Generation Unterstützung bei dieser Thematik braucht, sondern auch die Akteure der Aufklärung.

Keine Herabwürdigung der Jugend

Von großer Bedeutung bei der Kommunikation mit der jungen Generation über Pornografie, ist die Anerkennung der Eigenverantwortlichkeit und Handlungsfähigkeit der jungen Menschen. So wird von den Jugendlichen oftmals wahrgenommene Doppelmoral in der Gesellschaft in Bezug auf den Pornografiekonsum kritisch betrachtet, insbesondere deshalb, da Erwachsene ebenso Pornografie konsumieren, dies aber bei den Jugendlichen herabwürdigen[116]. Dabei wurde deutlich, dass diese Herabwürdigung und generationsverallgemeinernde Etikettierung nicht

---

[116] (PROFAMILIA BERLIN o.J., S. 14)

gerechtfertigt ist. Von einer sexuell verwahrlosten Generation kann nicht gesprochen werden. Das zeigt auch die Studie *Jugendsexualität 2015* von Bode und Heßling (2015). So hat sich das Bedürfnis nach einer festen Beziehung der Jugendlichen in letzten Jahren nicht geändert. Ferner wurde eine Tendenz zum späteren Einstieg in Bezug auf den Beginn des Sexuallebens festgestellt: „Von einer ungebrochenen Entwicklung zu immer mehr sexuellen Erfahrungen (deutscher Herkunft) im jugendlichen Alter kann keine Rede sein, in den letzten Jahren scheint vielmehr eine leichte Rückentwicklung einzusetzen. Bei 14-, 16- und 17-Jährigen liegen die Anteile sexuell Aktiver niedriger als bei der letzten Trendmessung vor fünf Jahren"[117]. In der Altersgruppe der 18 bis 25-Jährigen wurde festgestellt, dass diejenigen,

---

[117] (BRODE/HEßLING 2015, S. 8)

welche bereits sexuelle Erfahrungen gemacht haben, meistens auch weiterhin sexuell aktiv sind, dies aber bei Regelmäßigkeit vor allem innerhalb einer festen Beziehung stattfindet. So berichten 36% der Befragten von gelegentlicher sexueller Aktivität und 7% von keiner sexuellen Aktivität[118]. Auch findet der erste Geschlechtsverkehr weniger ungeplant statt, als es noch vor einem Jahrzehnt der Fall war. So wurde die seit Mitte der 1990er Jahre ansteigende Entwicklung von ungeplantem erstem Geschlechtsverkehr bereits 2009 rückläufig. So waren es 2005 noch 37% die von einem unerwarteten ersten Mal berichten, während dies 2015 von lediglich 18% berichtet wurde. Bei den Mädchen ist (mit 15%) ebenfalls der ungeplante Einstieg in das Sexualleben gesunken. Bemerkenswert ist auch, dass das erste Mal

---

[118] (vgl. BRODE/HEßLING 2015, S. 8)

häufiger innerhalb einer festen Beziehung stattfindet (60%), als es noch 1980 der Fall war (41%). So zeichnet sich die Bedeutung von Vertrauen in Bezug auf den Sexualpartner ab. Sowohl die meisten jungen Frauen (80%), als auch die jungen Männer (67%) halten die sexuelle Treue als unbedingte Notwendigkeit[119]. Eine Tendenz zu verstärkter Promiskuität bzw. zu einer verwahrlosten Sexualität der aktuellen Jugendgeneration ist demnach nicht festzustellen. Somit ist einer herabwürdigenden, und generationsverallgemeinernden Grundhaltung in der Arbeit mit Jugendlichen entgegenzuwirken. Vielmehr ist eine Begegnung auf Augenhöhe notwendig.

Somit empfiehlt die Pro Familia Berlin Eltern und Pädagogen die Intim und Privatsphäre in der Kommunikation über Pornografie zu wahren und

---

[119] (vgl. BRODE/HEßLING 2015, S. 9).

in diesem Zusammenhang lieber allgemeine Fragen zu stellen, um ein beidseitiges Verständnis in Bezug auf Fragen, Sorgen, Haltungen und Unsicherheiten zu erreichen. Letztere sollten, falls vorhanden, von den Eltern klar geäußert werden und bei Bedarf können Beratungsstellen in Anspruch genommen werden[120].

Auch Grimm, Rhein und Müller (2011) empfehlen pädagogische Maßnahmen statt Verbote, welche vor allem im Zusammenhang mit lebensweltorientierter Betrachtung der Jugendlichen bzw. situationsabhängig getroffen werden sollten.

Bei unfreiwilliger Pornografie-Konfrontation im Internet

---

[120] (vgl. PROFAMILIA BERLIN o.J., S. 23ff.)

Bei ungewollter Pornografie-Konfrontation, welche öfters in Form von Links in Spam-Mails, Pop-Up-Werbung oder direkt über pornografische Internetseiten stattfindet, können Filterprogramme eine Möglichkeit sein, diese Konfrontation im Internet zu vermeiden. Somit werden pornografische Inhalte weitestgehend gesperrt. Dennoch bleibt ein Restrisiko bestehen, dass pornografische Inhalte nicht erfasst werden oder durch ältere, technisch versiertere Jugendliche umgangen werden könnten. Gerade deshalb sollte auch hier nicht ausschließlich auf Vermeidungsmaßnahmen gesetzt, sondern darüber hinaus auch die Kompetenzen der Jugendlichen gestärkt werden, wie sie unseriösen und unerwünschten Pop-Ups, Links und pornografischen Inhalten erkennen und somit selbstständig einen unfreiwilligen Pornografie-Kontakt vermeiden können. Das Erkennen von unseriösen Quellen trägt hierbei maßgeblich dazu bei. Jugendliche sollten hierbei unterstütz werden. Darüber hinaus sollten neben Präventivmaßnahmen auch bei bereits geschehenem unfreiwilligem Porno-Kontakt Jugendlichen bei möglichen Irritationen zu unterstützen, die gesehenen Darstellungen einzuordnen und zu verarbeiten[121].

Pornografie in der Lebenswelt Jugendlicher

Als medien- und sexualpädagogische Herausforderungen lassen sich in Bezug auf bei regelmäßigem Pornografiekonsum der Jugendlichen folgende Themen sehen:

- So sollten in der Arbeit mit Jugendlichen die kritische Hinterfragung pornografischer Skripte gefördert werden.

---

[121] (vgl. Grimm/Rhein/Müller, 2011, S. 267f.)

Hierzu können Alternativen in Bezug auf sexuelle Handlungen aufgezeigt werden, welche in der Mainstreampornografie weniger vertreten ist. Hierzu gehört auch die Auseinandersetzung und Reflexion von Geschlechterrollen bzw. dem Hinterfragen des *Schlampen-Modells*.

- Zwar wurde deutlich, dass die meisten Jugendlichen in der Lage sind, die Realitätsnähe von Pornografie gut einzuschätzen, allerdings könnte Jugendlichen, welche über wenig sexuelle Erfahrung verfügen, diese Einschätzung schwerer fallen. Somit sollte in der Arbeit mit den jungen Menschen die Unterscheidung von Realität und Pornografie in den Blick genommen werden, um vor allem einem möglichen Leistungsdruck und Vergleichsdruck entgegenzuwirken.

- Ferner sollte vermittelt werden, dass jeder Mensch individuelle Bedürfnisse und Wünsche, sowohl im sexuellen Kontext, als auch bei Beziehungen, mit sich bringt. Die Jugendlichen sollten dabei unterstützt werden, ihre eigenen Bedürfnisse und Wünsche zu artikulieren und auch ihre Grenzen herauszufinden und klarzustellen. Auch spielt die Förderung von Empathie eine große Rolle, um die Wünsche und Bedürfnisse des Gegenübers verstehen und akzeptieren zu können.

- Darüber hinaus sollten die Jugendlichen ihre eigene Haltung zum Thema Pornografie finden können. Hierzu ist es wichtig, auch die Kritikpunkte der Pornografie zu benennen und zu reflektieren[122]. Ferner kann sich „Pornografie immer auch als ein Kommunikationsanlass, der weiterführende Auseinandersetzung mit Schönheits-, Körper- und Begehrensnormen, mit Fragen von Macht und Gewalt ermöglicht"[123] erweisen.

Fördern der Pornografie-Kompetenz

Die Herausforderungen der sexual- und medienpädagogischen Bereiche der Jugendarbeit in Bezug auf Pornografie führen zu dem Ziel der Förderung der Medien-Kompetenz zum Umgang mit pornografischem Material. So setzte sich Döring (2011b) mit dem Modell der Pornografie-Kompetenz auseinander und versteht diese als spezifische Form der Medienkompetenz, die

---

[122] (vgl. GRIMM/RHEIN/MÜLLER, 2011, S. 268f.)

[123] (KLEIN, 2015, S. 23)

insbesondere in der präventiven Arbeit, zum Entgegenwirken negativer Pornografiewirkung, gefördert werden sollte[124].

So stellt Döring (2011b) das Pornografie-Kompetenz-Modell unterteilt in 5 Komponenten vor, welche wiederrum auf 3 Ebenen (1. der *Bewertungskompetenz*, 2. der *Nutzungskompetenz* und 3. der *Gestaltungskompetenz* in Bezug auf Pornografie) näher betrachtet wird.

Die 5 Komponenten unterteilen sich in:

1. *Medienkunde* – welche die Kenntnisse über Produktion, Merkmale und Inhalte und Nutzung von Pornografie beinhaltet.

2. *Kritikfähigkeit* – welche die Erkennung und Prävention von Negativwirkungen von Pornografie miteinschließt.

---

[124] (vgl. DÖRING 2011b, S. 236)

3. *Genussfähigkeit* – welche das Erkennen und Ausschöpfen von Positivwirkungen von Pornografie anführt.

4. *Fähigkeit zur Meta-Kommunikation* – welche zu einem konstruktiven Austausch über pornografische Inhalte führen kann.

5. *Fähigkeit zur Selbstreflexion* – die den eigenen Standpunkt zur Pornografie hinterfragen lässt[125].

Es lässt sich festhalten, dass die von Döring angeführten Methoden zur Förderung von Pornografie-Kompetenz[126] insbesondere der Bereich der Informationsvermittlung (in Bezug auf Bewertungskompetenz, sowie Nutzungs- und Gestaltungskompetenzen), als auch die gemeinsame Diskussion über Pornografie, für die Zielgruppe der Jugendlichen wohl am

---

[125] Hierzu: (DÖRING, 2011b, S. 240)

[126] (vgl. DÖRING, 2011b, S. 251).

geeignetsten erscheinen. Dies kann auch im Zusammenhang aktiver Medienarbeit geschehen.

Praxisbeispiele

Im Bereich der aktiven Medienarbeit lässt sich als Praxisbeispiel, die sexualpädagogische Arbeit des YouTube-Kanals „*61 Minuten Sex[127]*" anführen, die das Medium Internet nutzen, um in jugendgerechter Weise eine Vielfalt sexueller Themen, so auch das Thema Pornografie, in Videoform aktuell über 350.000 Abonnenten zu erreichen.

Für die Förderung von Medienkompetenz und Sicherheit im Internet kann die Arbeitsmaterialsammlung „Let's talk about Porno[128]" für Schule und Jugendarbeit von *Klicksafe.de* als Beispiel angeführt werden, welche sich auf die 4 Bausteine - Leben in der

---

[127] Hierzu: (61 MINUTEN SEX o.J.)

[128] Hierzu: (KLICKSAFE (2015)

Pubertät, Schönheitsideale in unserer Gesellschaft, Pornografie im Netz, sowie Sexualisierte Kommunikation – aufteilt und viele Projekte für die praktische Arbeit umfasst.

Auch lässt sich die *Sexualpädagogik der Vielfalt* als Methodensammlung für die sexualpädagogische Arbeit benennen. Auf Grundlage der Vielfalt wird auch das Thema Pornografie in einem Arbeitsprojekt – ProNo/PorYes. Oder: Was ist pervers? – differenziert angegangen, in welchem sich die Jugendlichen mit der Definition und ihrer individuellen Haltung zum Thema Pornografie auseinandersetzen können. Für eine differenzierte Auseinandersetzung können auch Personen eingeladen werden, welche sich an der Diskussion beteiligen: z.B. ein Ehepaar welches Pornos für ihr eigenes Sexleben nutzt, einen Jugendlichen mit Behinderung, welcher nicht in einer Beziehung ist, eine Unterstützerin der PorNo-

Kampagne oder aber auch eine Porno-
Regisseurin, welche Fem-Porn produziert, da die
Mainstreampornografie für sie als nicht erotisch
empfunden wird[129]. Gerade bei den Beispielen der
Personen wird deutlich, dass eine
unterschiedliche Betrachtung, Haltung und
Wertung in Bezug auf Pornografie immer existent
sein wird und die Bedeutung der differenzierten
Herangehensweise an das Thema
Pornografiekonsum deutlich macht.

---

[129] (vgl. TUIDER U.A. 2012, S. 68f.)

6. Abschließende Worte

In meiner Arbeit wurde deutlich, dass das Thema des Jugendlichen Pornografiekonsums aktueller ist denn je. Jugendliche kommen an der Auseinandersetzung mit pornografischen oder sexualisierten Inhalten, ob freiwillig oder unfreiwillig, kaum vorbei.

Dennoch möchte ich festhalten, dass weder eine Dramatisierung noch das Ignorieren dieser Gegebenheit gerecht wird.

Bei der Auseinandersetzung der verwendeten Studien wurde erkennbar, dass die Pornografie nicht zu den negativen Veränderungen in der Jugendsexualität geführt hat, wie es in den Medien vermutet wurde. Hajok schreibt hierzu: „Wie so oft bei der Thematisierung von Gefahren für die junge Generation ist es auch beim Thema Pornografie so, dass gerade die Befürchtung, welche die öffentliche Diskussion bestimmen (…) einer empirischen Prüfung nicht unbedingt standhalten. Wie in anderen Bereichen vermuteter negativer Medienwirkung, etwa von Gewaltdarstellungen, gilt auch hinsichtlich expliziter Darstellungen von Sexualität, dass die Medien allenfalls eine modifizierende, vielleicht verstärkende Wirkung auf vorhandene Einstellungen, Meinungen und Verhaltensdispositionen haben. Jedenfalls kann von einer per se schädlichen Wirkung nicht ausgegangen werden bzw. hat eine solche Annahme nach wie vor keine wissenschaftliche Substanz"[130]. Der Sorge einer sich anbahnenden verwahrlosten Generation ist demnach eher beruhigend zu begegnen.

Das Sexualverhalten Jugendlicher hat sich im Durchschnitt in den letzten Jahren kaum verändert und es wird nach wie vor Wert auf Beziehung und

---

[130] (HAJOK 2013, S. 11)

Partnerschaft gelegt[131]. Dennoch sollte Aufgrund der relativierenden Erkenntnisse das Thema Pornografie nicht als Selbstläufer betrachtet werden. Denn trotz der hauptsächlich guten Einschätzungsgabe der Jugendlichen in Bezug auf die Realitätsnähe von Pornografie, können die gesehenen Inhalte, insbesondere bei jüngeren und sexuell unerfahrenen Konsumenten neue Fragen und Irritationen aufwerfen[132]. Es ist von großer Bedeutung die Jugendlichen in ihren Bedürfnissen und Fragen ernst zu nehmen. Eine Tabuisierung bzw. Moralisierung des Themas ist hier eher kontraproduktiv. Dabei ist bei der Arbeit mit Jugendlichen wichtig, beim kritischen Hinterfragen von Pornografie weniger die Konsummotivationen der Jugendlichen zu bewerten, sondern vielmehr einen reflektierenden

---

[131] (vgl. HOFFMANN/REIßMANN 2014, S. 517)
[132] Hierzu: (vgl. GRIMM/RHEIN/MÜLLER 2010, S. 221)

Blick auf Aspekte der Pornografie selbst zu fördern und in diesem Zusammenhang die Jugendlichen selbst zu Wort kommen zu lassen.

Zwar sollte der Thematik in der Jugendarbeit oder Schulsozialarbeit mit Offenheit begegnet werden, insbesondere wenn die Jugendlichen von sich aus das Thema Pornografie ansprechen, dennoch möchte ich hier noch einmal deutlich machen, dass dieser intimen Thematik ein hohes Maß an Sensibilität und Privatsphäre abverlangt wird. Auf Grund dessen ist es in manchen Fällen nicht sinnvoll, dass das Thema Sexualität und Pornografiekonsum von den Bezugspädagogen behandelt wird. In einem allzu offenen Gespräch können Schamgefühle seitens der Jugendlichen auftreten, die der Beziehung zur Fachkraft möglicherweise langfristig schaden. Der Individualität der Jugendlichen muss in diesem Zusammenhang besonders respektvoll begegnet werden. Jugendliche, die sich unwohl fühlen müssen sich einer solchen intimen Auseinandersetzung entziehen dürfen. So sehe ich externe Sexualpädagogen, insbesondere bei Projekt- und Gruppenarbeiten, als geeignete Adresse, gerade da zum einen die nötigen Kompetenzen gewährleistet sind und zum anderen es für die Jugendlichen angenehmer sein kann, nicht mit Eltern, Lehrern oder Bezugspädagogen über Pornografie oder die eigene Sexualität sprechen zu müssen, sondern mit jemandem, dem anschließend nicht mehr unbedingt begegnet werden muss.

Aber auch digitale Angebote, wie den bereits vorgestellten YouTube-Kanal *61 Minuten Sex* sehe ich als gute erste Anlaufstellen für Jugendliche, da die Anonymität gewährleistet ist.

Abschließend möchte ich mich dafür aussprechen, dass der Blick insbesondere im Bereich der Schule auf lebensweltbezogene Themen der Jugendlichen gerichtet wird. So würde ich mir ein Angebot wüschen, eine Art freiwilliges Schulfach, welches nicht benotet wird. Dieses Schulfach könnte sich mit positiver Lebensgestaltung auseinandersetzen und auch Medienkompetenz bzw. Pornografie-Kompetenz als Teilbereich anbieten. Dies könnte ein Thema für die Schulsozialarbeit sein, welche auch externes Fachpersonal einladen kann, um in getrennten Angeboten für Jungen und Mädchen über das Thema Pornografie ins Gespräch zu kommen. Dies wäre eine Anlaufstelle für Jugendliche um ihre Fragen, Sorgen und Unsicherheiten benennen und diskutieren zu können. So können sie dabei unterstützt werden, eigene Standpunkte zu finden und Selbstbewusstsein aufzubauen.

Literaturverzeichnis

61 MINUTEN SEX (o.J.): 61MinutenSex. Online im
Internet:
https://www.youtube.com/user/61MinutenSex
[Stand: 20.06.2016]

ALTSTÖTTER-GLEICH, Christine (2006):
Pornographie und neue Medien. Eine Studie zum
Umgang Jugendlicher mit sexuellen Inhalten im
Internet. Online abgerufen:
http://www.profamilia.de/fileadmin/publikatione
n/Fachpublikationen/Pornografie_neue_medien.
pdf. [Stand: 25.04.2016]

BÖHM, Markus (2015): Virtual-Reality-Pornos:
Schön ruhig liegenbleiben. Online im Internet:
http://www.spiegel.de/netzwelt/apps/vr-pornos-
virtual-reality-sex-fuer-oculus-rift-und-gear-vr-
a-1066625.html [Stand: 01.06.2016]

BUCHUK, Daniel/SIMILARWEB (2013): UK Online
Porn Ban: Web Traffic Analysis of Britain's
Porn Affair. Online im Internet:
https://www.similarweb.com/blog/uk-online-
porn-ban-web-traffic-analysis-of-britains-porn-
affair [20.06.2016]

BROCKHAUS (2005): Pornografie. In: Brockhaus
Enzyklopädie. In 30 Bänden. 21., völlig neu
bearbeitete Auflage. Band 21 Paral – Pos,
Leipzig/Mannheim: F. A. Brockhaus, S. 757.

BRODE, Heidrun/HEßLING, Angelika (2015): Jugendsexualität 2015. Die Perspektive der 14- bis 25- Jährigen. Ergebnisse einer aktuellen Repräsentativen Wiederholungsbefragung, Köln: Bundeszentrale für gesundheitliche Aufklärung.

BRUNSCHWEIGER, Verena (2013): Fuck Porn! Wider die Pornografisierung des Alltags, Marburg: Tectum Verlag.

DESTATIS (2016a): Ausstattung mit Gebrauchsgütern. Ausstattung privater Haushalte mit PC, Internetzugang und Breitbandanschluss im Zeitvergleich. Online im Internet: https://www.destatis.de/DE/ZahlenFakten/Gesell schaftStaat/EinkommenKonsumLebensbedingun gen/AusstattungGebrauchsguetern/Tabellen/Zeit vergleichAusstattung_IKT.html [Stand: 13.05.2016]

DESTATIS (2016b): IT-Nutzung. Private Nutzung von Informations- und Kommunikationstechnologien 2015. Durchschnittliche Nutzung des Internets durch Personen. Online im Internet: https://www.destatis.de/DE/ZahlenFakten/Gesell schaftStaat/EinkommenKonsumLebensbedingun gen/ITNutzung/Tabellen/NutzungInternetGeschl echt_IKT.html [Stand: 13.05.2016]

DÖRING, Nicola (2011a): Der aktuelle Diskussionsstand zur Pornografie Ethik: Von Anti-Porno- und Anti-Zensur zur Pro-Porno-Positionen. In: Zeitschrift für Sexualforschung 2011/24, S. 1-30.

DÖRING, Nicola (2011b): Pornografie-Kompetenz: Definition und Förderung. In: Zeitschrift für Sexualforschung 2011/24, S. 228-255.

DUDEN (2016a): Web 2.0, das. Bedeutungsübersicht. Online im Internet: http://www.duden.de/rechtschreibung/Web_2_0 [Stand 20.06.2016]

DUDEN (2016b): Streaming, das. Bedeutungsübersicht. Online im Internet: http://www.duden.de/rechtschreibung/Streaming [20.06.2016]

EPAGEE (o.J.): Erotikmagazine. Online im Internet: http://de.epagee.com/gruppen/erotikmagazine [Stand 12.05.2016]

FAULSTICH, Werner (1994): Die Kultur der Pornografie. Kleine Einführung in die Geschichte, Medien, Ästhetik, Markt und Bedeutung, Bardowick: Wissenschaftlicher-Verlag.

GERNERT, Johannes (2010): Generation Porno. Jugend, Sex, Internet, Köln: Fackelträger Verlag.

GRIMM, Petra (2010): Die Bedeutung der Pornografie in der Lebenswelt von Jugendlichen. In: proJugend 4/2010, S. 4-8.

GRIMM, Petra/RHEIN, Stefanie/MÜLLER, Michael (2011): Porno im Web 2.0. Die Bedeutung sexualisierter Web-Inhalte in der Lebenswelt von Jugendlichen. Herausgeber: NLM, Berlin: Vistas Verlag.

HAJOK, Daniel (2013). Pornografie und andere explizierte Darstellungen von Sexualität. Regelungen, Angebotsentwicklung, veränderte Zugänge Jugendlicher und Konsequenzen für den Jugendmedienschutz. In: BPJM-Aktuell, Heft 4/2013, S. 4-17.

HÖRNLE, Tatjana (2012): StGB § 184. In: Münchener Kommentar zum Strafgesetzbuch, Bd. 3, §§ 80 – 184g, 2. Auflage, München: Verlag C. H. Beck oHG.

HOFFMANN, Dagmar/REIßMANN, Wolfgang (2014): Jugend und Sexualität. Überlegungen zur Sozialisation in On- und Offlinewelten. In: deutsche jugend, Heft 12/2014, Weinheim/Basel: Beltz Juventa, S. 513-520.

JIM-STUDIE (2015): JIM-Studie 2015. Jugend, Information, (Multi-) Media. Basisstudie zum Medienumgang 12- bis 19-Jähriger in Deutschland, Stuttgart: Medienpädagogischer Forschungsverbund Südwest.

JUNGE, Thorsten (2013): Jugendmedienschutz in der Bundesrepublik Deutschland. In: FRIEDRICHS, Henrike/JUNGE, Thorsten/SANDERS, Uwe (Hg.): Jugendmedienschutz in Deutschland, Wiesbaden: Springer VS Fachmedien.

KLEIN, Alexandra (2015): Zur These der Pornografisierung der Jugend. In: Sozialmagazin, Heft 1-2/2015, S. 16-25.

KLICKSAFE (2015): Let's talk about Porno. Jugendsexualität, Internet und Pornografie.

Arbeitsmaterialien für Schule und Jugendarbeit. Online im Internet: http://www.klicksafe.de/fileadmin/media/docum ents/pdf/klicksafe_Materialien/Lehrer_LH_Zusa tz_Porno/LH_Zusatzmodul_Porno_klicksafe_ge samt.pdf [Stand: 20.06.2016]

LAUFHÜTTE, Heinrich W./ROGGENBUCK, Ellen (2010): StGB §184. In: Strafgesetzbuch. Leipziger Kommentar, Bd. 6, §§ 146 – 210, 12., neu bearbeitete Auflage, Berlin: De Gruyter Verlag.

MATTHIESEN, Silja (2013): Was machen Mädchen mit Pornografie? In: Matthiesen, Silja (Hg.): Jugendsexualität im Internetzeitalter. Eine qualitative Studie zu sozialen und sexuellen Beziehungen von Jugendlichen. Herausgeber: BZgA, Köln: Bundeszentrale für gesundheitliche Aufklärung, S. 146-170.

MÖLLER, Kurt (2013): Pornografiekonsum bei Jugendlichen. (Fach)öffentliche Diskurse und pädagogische Herausforderungen. In: Schmidt, Renate-Berenike/Sielert, Uwe (Hg.): Handbuch Sexualpädagogik und sexuelle Bildung. 2., erweiterte und überarbeitete Auflage, Weinheim/Basel: Beltz Juventa, S. 493-505.

PROFAMILIA BERLIN (o.J.): Jugend + Porno = Erwachsenen Panik?. Informationen und Handreichungen für Eltern und Pädagog_innen. Online im Internet: https://www.profamilia.de/fileadmin/publikation

en/Fachpublikationen/Jugend___Porno.pdf
[Stand: 24.06.2016]

SCHMIDT, Gunter (2013): Was machen Jungen mit
    Pornografie? In: Matthiesen, Silja (Hg.):
    Jugendsexualität im Internetzeitalter. Eine
    qualitative Studie zu sozialen und sexuellen
    Beziehungen von Jugendlichen. Herausgeber:
    BZgA, Köln: Bundeszentrale für gesundheitliche
    Aufklärung, S. 146-170.

SIGGELKOW, Bernd/BÜSCHER, Wolfgang (2010):
    Deutschlands sexuelle Tragödie. Wenn Kinder
    nicht mehr lernen, was Liebe ist
    (Taschenbuchausgabe), München: Wilhelm
    Goldmann Verlag.

STARKE, Kurt (2010): Pornografie und Jugend.
    Jugend und Pornografie. Eine Expertise,
    Lengerich: Pabst Science Publishers.

STEFFEN, Nicola (2014): Porn Chic. Die
    Pornifizierung des Alltags, München: Deutscher
    Taschenbuch Verlag.

Tuider, Elisabeth u.a. (2012): Sexualpädagogik der
    Vielfalt. Praxismethoden zu Identitäten,
    Beziehungen, Körper und Prävention für Schule
    und Jugendarbeit. 2., überarbeitete Auflage,
    Weinheim/Basel: Belz Juventa.

WELLER, Konrad (2009): Wie nutzen Jugendliche
    Pornografie und was bewirkt sie?. In: pro familia
    Magazin 01/2009, S. 9-13.

ZILLMANN, Dolf (2004). Pornografie. In: Bente,
    Gary/Mangold, Roland/Vorderer, Peter (Hg.):

Lehrbuch der Medienpsychologie, Göttingen:
Hogrefe Verlag, S. 565-585.

Rechtsnormen stammen – wenn nicht anders
angegeben - von der Internetseite
www.gesetze-im-internet.de
des Bundesministeriums der Justiz und für
Verbraucherschutz.